2019年山东省职业教育教学改革研究项目（项目编号：2019427）

电子商务
人才培养与教学体系建设研究

叶小濛　陈瑜　陈晓龙　著

中国商业出版社

图书在版编目（CIP）数据

电子商务人才培养与教学体系建设研究 / 叶小濛，陈瑜，陈晓龙著．-- 北京：中国商业出版社，2021.11
ISBN 978-7-5208-1858-2

Ⅰ．①电… Ⅱ．①叶… ②陈… ③陈… Ⅲ．①中等专业学校 - 电子商务 - 人才培养 - 研究 - 中国②电子商务 - 教学研究 - 中等专业学校 Ⅳ．① F713.36

中国版本图书馆 CIP 数据核字 (2021) 第 216436 号

责任编辑：陈　皓　常　松

中国商业出版社出版发行
010-63180647　www.c-cbook.com
（100053　北京广安门内报国寺 1 号）
新华书店经销
定州启航印刷有限公司印刷
*
710 毫米 ×1000 毫米　16 开　11.5 印张　220 千字
2021 年 11 月第 1 版　2021 年 11 月第 1 次印刷
定价：59.00 元
* * * *
（如有印装质量问题可更换）

前言
PREFACE

根据第 47 次《中国互联网络发展状况统计报告》，截至 2020 年 12 月，我国网民规模达到 9.89 亿人，互联网普及率达到 70.4%。依托互联网发展的电子商务自 2011 年开始，一直维持着快速发展的态势，其市场交易额在逐渐增加。根据国家统计局的数据，我国 2020 年电子商务的交易额为 37.21 万亿元，巨大的交易额在一定程度上显示了我国电子商务市场的规模。随着电子商务的发展，电子商务行业对人才的需求也在逐渐增加。由《2019 年度中国电子商务人才状况调查报告》的数据可知，有 80% 的电商企业存在人才缺口。在这一背景下，电子商务人才培养已逐渐成为我国人才培养的一个焦点。

然而，就当前电子商务人才培养的现状来看，情况并不乐观，中等职业学校对电子商务人才的培养更是存在诸多的问题。比如，教学模式没有随着电子商务行业的发展而变革，缺乏专业的教学团队，人才培养评价体系不完善等。另外，一些中等职业学校在教学体系的构建上也不完善，不能权衡好理论教学与实践教学的关系，这使很多中等职业学校培养的电子商务人才不能满足行业发展的要求，不仅影响了学生的就业与后续的职业发展，而且无法缓解电子商务行业人才缺口问题。因此，结合时代发展背景以及电子商务行业发展现状，探索电子商务人才培养路径，并建设完善的教学体系显得至关重要。

本书以电子商务人才培养与教学体系建设为研究方向，第一章从宏观角度对电子商务进行了系统的分析与阐述；第二、第三章则在第一章的基础上，站在电子商务人才培养的层面，剖析了与电子商务人才培养相关的基础性内容，并提出了电子商务人才培养的总体实施策略；第四、第五章继续聚焦电子商务人才培养，探索了校企合作电子商务人才培养模式与创业型电子商务人才培养路径；第六、第七章则聚焦学校电子商务教学体系的建设，分别从课程体系建设与实践教学体系建设两个方面进行了研究和论述。

本书逻辑框架清楚明了，内容丰富，在撰写过程中将图、文、表有机地结合了起来，使内容更加简明易懂。由于笔者的水平有限，在论述的过程中难免存在错、漏之处，敬请广大读者批评指正。

目录
CONTENTS

第一章 电子商务概述

第一节 电子商务的概念

一、电子商务的定义

电子商务的出现改变了传统的商业贸易模式，也改变了商业伙伴之间建立的合作关系模式以及计算机应用平台的模式。电子商务是20世纪90年代兴起于美国等发达国家的一个新的概念。1997年，IBM公司第一次使用了电子商务（electronic commerce）一词，从此之后，电子商务逐渐普及开来。根据电子商务的英文名称“electronic commerce”，“electronic”意为“电子的”，“commerce”意为“商务”“贸易”，所以电子商务可以简单地被理解为“电子”+“商务”的模式，指一种借助网络技术完成整个商业交易过程的贸易模式。

其实，关于电子商务的定义至今没有统一的说法，不同的组织以及不同的学者从不同的角度提出了他们对电子商务的认知并对电子商务做了不同的定义。

（一）国际组织对电子商务的定义

不同的组织对电子商务的定义有所不同。欧洲议会认为，电子商务是通过电子方式进行的商务活动；联合国经济合作和发展组织认为，电子商务是利用电子化手段从事的商业活动；世界贸易组织认为，电子商务是通过电信网络进行的生产、营销、销售和流通活动；加拿大电子商务协会认为，电子商务是通过数字通信进行商品和服务的买卖以及资金的转账，包括公司间和公司内利用电子邮件（E-mail）、EDI（Electronic Data Interchange，电子数据交换）、文件传输、传真、电视会议、远程计算机联网所能实现的全部功能，如市场营销、金融结算、销售以及商务谈判。①

通过分析上述国际组织对电子商务的定义可知，它们都强调了电子商务的电子化以及通信技术，但各组织中界定的“电子方式”“电子化手段”“电信网络”“数字通信”等术语无疑都具有一定的片面性。其中，“电子方式”“电子化手段”“数字通信”等术语过于宽泛，忽略了网络的诸多特征；而“电信网络”又过于狭窄，因为“电信”只是网络的一种形式，并不能将其与网络同等化，所以将电子商务限定在“电信”的范围内，显然不合适。

（二）企业对电子商务的定义

对于与商业贸易密不可分的企业来说，电子商务的出现对企业的发展产生了巨大的影响，各企业在发展电子商务的过程中也形成了对电子商务的认知。IBM 公司认为，电子商务即 E–Business，是把买卖双方、厂商和合作伙伴在 Internet（国际互联网）、Intranet（企业内部网）、Extranet（企业外部网）上结合起来的应用，并提出了这一公式: Web+IT= 电子商务; 惠普公司（HP）认为，电子商务是指“从售前服务到售后支持的各个环节实现电子化、自动化”；美国通用电气公司（GE）对电子商务的定义是“通过电子方式进行商业交易”，被分为企业与企业间的电子商务和企业与消费者间的电子商务。企业与企业间的电子商务指以 EDI 为核心技术，以增值网（Value Added Network，VAN）和 Internet 为主要手段，实现企业间业务流程的电子化，配合企业内部的电子化生产管理系统，提高企业从生产、库存到流通（包括物资和资金）各个环节的效率。企业与消费者之间的电子商务指以 Internet 为主要手段，实现公众消费和服务提供方式以及相关的付款方式的电子化。②

企业对电子商务的定义一般站在企业自身发展及其在企业应用的基础上，并且注重电子商务的技术实现形式，所以更不可避免地表现出一定的局限性与片面性。当然，电子商务的一个主要任务是为商业贸易服务，所以对电子商务的理解不能仅仅局限于理论层面。以商业贸易为重要主体的企业，在不断实践电子商务的过程中形成的对电子商务的认识，是其他组织或学者所不能轻易形成的。因此，各企业对电子商务的定义同样具有非常重要的参考价值。

① 董德民 . 电子商务 [M]. 北京：中国水利水电出版社，2017：3.

② 同①。

（三）学者对电子商务的定义

不同的学者，依据其对电子商务的认识，对电子商务下了不同的定义。美国学者瑞维·卡拉科塔和安德鲁·温斯顿在他们的专著《电子商务的前沿》中提出："广义地讲，电子商务是一种现代商业方法。这种方法通过改善产品和服务质量、提高服务传递速度，满足政府组织、厂商和消费者降低成本的需求。"[①]中国电子商务研究专家李琪在其专著《中国电子商务》一书中指出，电子商务是在技术、经济高度发达的现代社会里，掌握信息技术和商务规则的人，系统化运用电子工具，高效率、低成本地从事以商品交换为中心的各种活动的总称。中国学者王可则从过程角度将电子商务定义为"在计算机与通信网络基础上，利用电子工具实现商业交换和行政作业的全过程"。[②]

通过上述从不同角度对电子商务的定义可知，有关电子商务的定义可谓百花齐放、各有春秋，反映了电子商务内涵的丰富性。其实，如果对上述电子商务的定义进行深入分析，便可以发现这些定义所具有的共同之处以及不同之处。共同之处主要表现在三个方面：一是都采用（或源于）"电子商务"这一术语；二是都强调电子信息工具的重要性，都指出了电子信息工具的支撑性作用；三是都将电子商务的基本对象确立为商业贸易活动。不同之处则主要表现在前提描述不同、作用对象的定义范畴不同。

其实，作为一种新兴事物（相对于人类贸易发展的历史而言），电子商务既有广义的一面，也有狭义的一面。所以，我们可以在瑞维·卡拉科塔和安德鲁·温斯顿定义的基础上，融合其他学者和组织的定义，重新从广义和狭义的角度对电子商务进行定义。

从广义上讲，电子商务是通过电子手段进行的商业事务活动。其使用互联网等电子工具，使公司内部、供应商、客户和合作伙伴之间通过电子业务共享信息，实现企业间业务流程的电子化，配合企业内部的电子化生产管理系统，提高企业在生产、库存、流通和资金等各个环节的效率。

从狭义上讲，电子商务指使用互联网等电子工具（包括电报、电话、广播、电视、传真、计算机、计算机网络、移动通信等）在全球范围内进行的商务贸易活动。它是以计算机网络为基础所进行的各种商务活动，是商品和服务的提供者、广告商、消费者、中介商等有关各方行为的总和。人们一般理解的电子商务通常指狭义的电子商务。

---

① 许丽霞，刘续．电子商务 [M]. 银川：阳光出版社，2014：6.

② 毛锦庚，钟肖英．新编电子商务概论 [M]. 广州：中山大学出版社，2018：5.

二、电子商务的内涵

在阐述电子商务的定义时，笔者指出了电子商务内涵的丰富性，如果对这种丰富性进行总结，笔者认为可以从技术手段和参与对象这两个方面展开。

（一）技术手段

技术手段是电子商务出现和发展的基础，没有技术手段做支撑，电子商务便不会出现，更不可能发展。电子商务技术手段主要包括三个方面。

一是计算机技术。计算机技术的内容非常广泛，可粗略分为计算机系统技术、计算机器件技术、计算机部件技术和计算机组装技术等几个方面。依靠计算机可以快速地处理数据，这使依托于计算机技术的商贸活动能快速且高效地被完成。

二是远程通信技术。远程通信指在连接的系统间，通过使用模拟或数字信号调制技术进行的声音、数据、传真、图像、音频、视频和其他信息的电子传输。远程通信技术则指应用在远程通信中的技术手段，包括无线网络技术、通信技术和计算机网络技术。远程通信技术是电子商务实现的基础和纽带。

三是信息技术。信息技术是管理和处理信息所采用的各种技术的总称，包括信息处理技术和信息表示技术。信息处理技术体现在电子商务的各个环节，如信息的收集、存储、分析、更新和传播等；信息表示技术是企业信息化进程的核心技术，是支撑企业从传统商业贸易模式向电子商务模式转变的重要手段。

（二）参与对象

从电子商务参与的人物主体进行分析，电子商务的参与对象一般包括消费者、企业、政府以及中介机构四类。

1. 消费者

消费者是指为达到个人消费使用目的而购买各种产品与服务的个人或最终产品的个人使用者。在经济贸易活动中，消费者是产品和服务的最终使用者，他们必然会作为经济贸易活动中不可或缺的一部分参与到电子商务的大环境中，对电子商务的发展产生影响。当然，电子商务的发展也在影响着消费者的购物方式，甚至在逐渐改变着消费者的生活方式。

2. 企业

企业一般是指以盈利为目的，运用各种生产要素（土地、劳动力、资本、技术和企业家才能等）向市场提供商品或服务，实行自主经营、自负盈亏、独立核算的法人或其他社会经济组织。企业是电子商务的推动者之一，没有企业的参与，电子商务的发展就会受到影响。相较于一些发达国家来说，我国电子商务起步较晚，但发展迅速。目前，中国企业信息化应用程度日趋提高，这不仅促进了企业的发展，也促进了电子商务的发展，更促进了我国经济的发展。

3. 政府

政府是国家进行社会治理的机关，其功能是表达国家意志、发布命令和处理事务。在社会经济发展的体系中，政府扮演着指导者和调控者的角色。电子商务是经济活动的一个组成部分，政府自然要对其发挥调控和指导作用，即通过制定政策和监督机制，保障电子商务健康、可持续的发展。从某种意义上讲，我国电子商务能在短时间内实现快速的发展，和政府政策的支持是离不开的。另外，电子商务的本质是商业贸易，这种贸易模式是中国过去几千年未曾出现过的一种模式，虽然在其发展的过程中表现出巨大的优势，但同样表现出一种野蛮生长的态势，如果不对这种态势加以约束，电子商务将难以“成为一棵参天大树”。因此，政府的约束与监督作用显得至关重要。当然，作为社会系统的组成部分，政府是电子商务的参与者与受益者，这一点将随着电子商务的发展愈加凸显。

4. 中介机构

中介机构指依法通过专业知识和技术服务，向委托人提供公证性、代理性、信息技术服务性等中介服务的机构。在电子商务中，中介机构起到连接买卖双方的桥梁作用，也是电子商务中的重要参与者。中介机构是独立于买卖双方的第三方机构，其出现的目的是分散和规避风险。关于这一点，我们可以参考银行授权的信用证，通过使用信用证，买卖双方之间的信用风险便转换成买方和开证行、卖方和收单行、开证行和收单行之间的信用风险，从而降低和分散信用风险。电子商务作为一种商业贸易模式，自然也存在信用风险。由于电子环境的虚拟性，风险的表现形式也发生了转变。传统纸质的信用证在降低和分散网络虚拟环境中信用风险方面所发挥的作用有限，所以一种新的用来分散和规避风险的机构便产生了，即专门从事信息服务的中介机构。

目前，从事信息服务的中介机构主要有三类：第一类是为商品所有权的转移过程（即支付机制）服务的；第二类是提供电子商务软硬件服务、通信服务的各种厂商、软硬件和解决方案提供商；第三类是提供信息及搜索服务的信息服务增值商。在电子商务的大环境中，上述三类中介机构在信息服务中分别发挥着不同的作用，也为电子商务的发展贡献着自己的力量。

第二节 电子商务的发展历程

一、电子商务的萌芽阶段（20 世纪 60 年代至 20 世纪 90 年代）

商业贸易是人类在长期的生产、生活中形成的一种社会活动形式，是通过买卖方式使货物实现流通的一种经济活动。第一次社会大分工催生了最初的商业模式——以物换物，从此，商业贸易便成为人类社会生活中不可或缺的一部分。在现代通信方式出现之前，人们传递贸易信息只能依靠信件或口述，而随着工业革命的发生，人类逐渐从传统手工业时代过渡到机器大工业时代，电话便是在这一时期产生的。电话极大地提高了贸易信息的传递效率，人类进入运用电子手段进行商务活动的新纪元。

电子商务的起源可追溯到 20 世纪 60 年代美国研发出的 EDI 技术在欧美一些国家的开发和应用。EDI 指按照同一规定的一套通用标准格式，将标准的经济信息，通过通信网络传输，在贸易伙伴的电子计算机系统之间进行数据交换和自动处理。相较于传统的商务处理模式，EDI 作为一种利用计算机进行商务处理的新方法，能消除贸易过程中的纸单证明，所以 EDI 也被称为“无纸交易”。EDI 能将贸易、运输、保险、银行和海关等行业的信息转换为国际公认的标准格式，以便各有关部门、公司与企业之间进行数据传输、交换与处理，并完成以贸易为中心的全部业务过程。EDI 技术产生之后，凭借其所具有的诸多优点迅速在美国发展起来，越来越多的企业开始在商业贸易中应用 EDI 技术，这便是电子商务的雏形。

但是，要建立 EDI 通信系统，企业前期需要进行较大的投资，并且当系统建成之后，其使用费用也很高，所以很多 EDI 技术的应用多集中在一些大的企业，中小企业很少有能够支付这笔费用的，这便限制了 EDI 技术的应用范围。在这一背景下，20 世纪 60 年代末至 20 世纪 70 年代初，在美国国防部的资助下，Advanced Research Project Agency 公司承建了一个网络——阿帕网（ARPANET），该网络的关键技术是用一种新的方法将不同的计算机系统互联，形成互联网，即 Internet-work，这便是 Internet 的起源。1972 年，美国施乐帕克研究中心（Xerox PARC）把 Xerox Alto 计算机连到 ARPANET 上，并于 1973 年 5 月 22 日正式运行世界上第二个个人计算机局域网 ALTO ALO-HA

网络，即以太网（Ethernet）。1981 年，美国国家科学基金会（NFS）开发了连接 5 个超级计算机中心的网络。后来，美国许多大学和学术机构建成的一批地区性网络与之相连，形成了一个新的大的网络——NSFNET，该网络的成员之间可以相互通信，从而开始了互联网真正快速发展的阶段。从此，NSFNET 逐渐取代了 ARPANET，成为 Internet 的主干网络。1982 年，在 ARPA 的资助下，美国加州大学伯克利分校将 TCP/IP 协议嵌入 UNIX-BSD4.1 版本。次年，TCP/IP 成为 ARPANET 上标准的通信协议，真正意义上的 Internet 出现了。相较于建设 EDI 系统，应用 Internet 的成本要低很多，基于 Internet 的电子商务开始出现。

二、电子商务的形成阶段（20 世纪 90 年代至 21 世纪初）

Internet 出现后的一次历史性飞跃是其在商业中的应用。1991 年，美国决定向社会公众开放 Internet，并允许将 Internet 应用到商业贸易中。1993 年，万维网（World Wide Web，WWW）及其相关技术的出现打开了电子商务发展的新局面。万维网是一个关键性的技术突破，它使 Internet 具备了支持多媒体应用的功能，用户能在任何一个计算机中访问超文本链接的信息。万维网的迅速发展降低了企业进行电子商务的成本，同时创造了更多的商业机会。很多中小企业得以借助电子商务发展自身，并参与到与大企业的竞争中。

1994 年，Internet 已经联通全世界 150 个国家和地区，连接了 3 万多个子网、320 万台计算机主体，用户超过 300 万人，成为世界上最大的计算机网络。1995 年，Internet 上的商业业务信息量超过科教业务信息量，这是电子商务大规模发展的一个主要标志。在这一时期，就 Internet 在商业贸易中应用的领域而言，电子证券是较为成功的领域之一。网络上的证券交易为证券市场开辟了新的渠道，也开辟了证券交易的新纪元，并成为这一时期电子商务的新型典范。

1998 年，国外电子商务的浪潮影响到我国，国内开始出现专业的互联网公司，如新浪、网易、搜狐等。1998 年也被称为我国互联网发展的“元年”。虽然我国电子商务起步较晚，但到 1999 年下半年，我国的 ICP 和 ISP 等网络服务商也开始大规模进军电子商务领域，许多新的电子商务项目以及电子商务网站在短时间内先后出现，可谓百花齐放。1999 年的发展表明，我国电子商务已经快速从启蒙阶段进入广泛而务实的发展阶段。2000 年，新浪、网易、搜狐这几大门户网站先后在美国纳斯达克上市，俨然一派欣欣向荣的景象。但 2001 年，世界 IT 界遭受严重的挫折，我国电子商务的发展也不可避免地受到了影响。

三、电子商务的稳步发展阶段（2003 年至 2012 年）

经过了 2001 年、2002 年互联网经济泡沫时期之后，从 2003 年开始，互联网经济发展开始回归理智，并从此进入稳步发展的阶段。以这一时期我国电子商务的发展为例，2003 年至 2005 年是电子商务的恢复期，电子商务开始务实经营，越来越多的网民开始接受网购。随着电子商务的稳步发展，国家开始正式发展电子商务，并出台了相关支持性的政策，如 2005 年 1 月，国务院办公厅颁布了《关于加快电子商务发展的若干意见》；2006 年 6 月，商务部颁布了《中华人民共和国商务部关于网上交易的指导意见》（征求意见稿）；2007 年 3 月，商务部颁布了《关于网上交易的指导意见（暂行）》；2007 年 12 月，商务部颁布了《关于促进电子商务规范发展的意见》。一系列的政策为电子商务的发展营造了良好的环境氛围，进一步促进了我国电子商务的发展。

2008 年至 2009 年是我国电子商务发展的转型期，我国在这一时期形成了独特的网络交易方式，并进入规范化阶段。与此同时，电子商务企业的竞争越来越激烈，而为了在激烈的竞争中实现发展，电子商务开始朝着细分电商的方向发展。

2010 年至 2012 年，作为电子商务的重要组成部分，物流开始实现快速发展，其中以韵达快递、中通快递、申通快递、顺丰快递等几大物流快递公司为代表。2011 年 5 月 26 日央行颁发了国内第一张“支付业务许可证”，这代表着第三方支付平台正式获得了国家的认可。自此之后，第三方支付平台迎来了发展的春天，这是促进电子商务实现进一步发展的一个重要基础。

四、电子商务的快速发展阶段（2013 年至今）

2013 年，随着 3G 技术以及智能手机的逐渐普及，移动电子商务开始显露头角，并推动全球电子商务的快速发展。电子商务在美国发展较早，2017 年第一季度，美国电子商务销售额达到了 1 000 亿美元，第一次在非圣诞节季节突破 1 000 亿美元大关，从同比增速看，电子商务销售增速为 20%，并开始提速。在诸多电子商务网站中，美国访问量最大的电子商务网站是亚马逊，紧随其后的是 eBay，沃尔玛排名第三，接下来依次是苹果和 Home Depot。①

在日本，网络通信基础环境的提升同样为电子商务的发展创造了良好的条件。从全世界电子商务发展的程度来看，日本电子商务发展的程度位居世界前

① 彭媛．电子商务概论 [M]. 3 版．北京：北京理工大学出版社，2018：4.

列，这不仅依托于日本完备的电子商务系统，更依托于日本专业化、信息化、自动化的物流系统。日本邮政、日通、日本邮船、日本大和运输公司等均具有较强的物流处理能力，再加上日本国土面积较小，日本物流可以实现"当日达"或者"隔日达"。甚至能指定配送的时间，这为日本电子商务的发展提供了成熟的物流支撑，使日本在这一时期实现了电子商务的快速发展。

在我国，从这一阶段早期的 3G 技术发展到今天的 4G、5G 技术，我国的网络基础设施的建设在不断完善，手机用户规模也在不断扩大。截至 2020 年 12 月，我国光纤接入用户规模达 4.54 亿户，占固定互联网宽带接入用户总数的 93.9%，近些年的增长速率可参见图 1–1；截至 2020 年 12 月，网民规模达到 9.89 亿人，互联网普及率达到 70.4%。[①] 与此同时，我国对电子商务发展的支持力度也开始加大，先后颁布了诸多支持性的政策。例如，2015 年 5 月 4 日，国务院印发《国务院关于大力发展电子商务加快培育经济新动力的意见》；2016 年 12 月 24 日，商务部、中央网信办、发展改革委三部门联合发布《电子商务"十三五"发展规划》；2018 年 1 月 25 日，国务院办公厅印发《关于推进电子商务与快递物流协同发展的意见》。在相关基础设施不断完善以及政策支持的大环境下，我国电子商务同样实现了快速发展。近些年，电子商务交易额一直处于增长的态势，虽然同比增长率在逐渐降低，但整体仍有较高的增长率，具体可参考图 1–2。

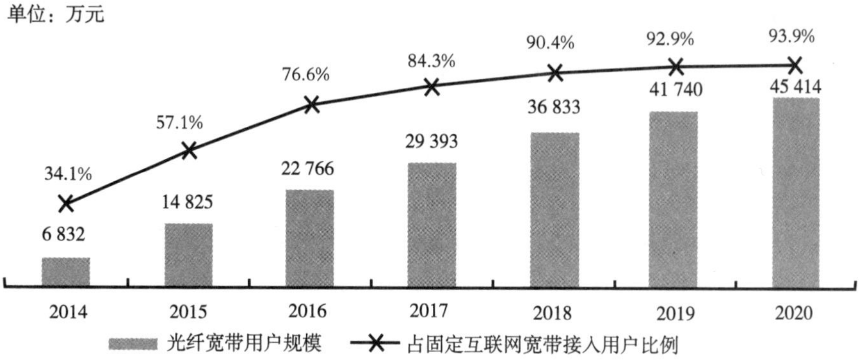

图 1–1　2014—2020 年光纤用户规模及其占比

（图片来源：《第 47 次中国互联网络发展状况统计报告》）

① 中国互联网络信息中心. 第 47 次中国互联网络发展状况统计报告 [R]. 北京：中国互联网络信息中心，2021.

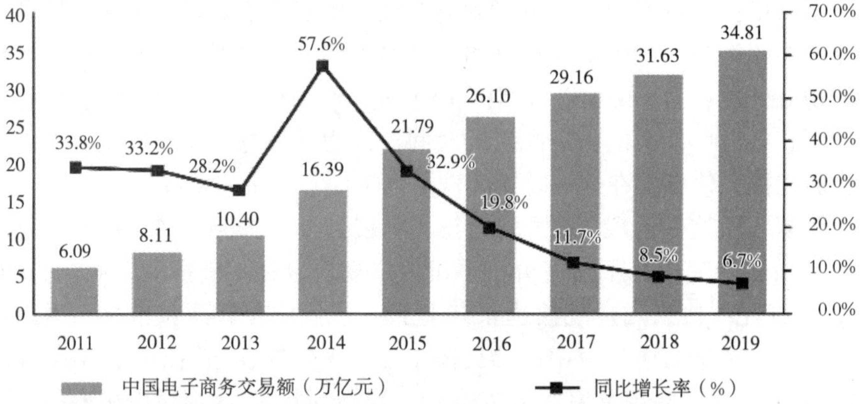

图 1-2　2011—2019 年中国电子商务交易额

（图片来源：国家统计局）

第三节　电子商务的分类与特点

一、电子商务的分类

由于分类标准不同，电子商务的分类也不同。本节中，笔者将对电子商务的分类进行阐述。

（一）依据参与交易的对象分类

依据参与交易对象的不同，电子商务可分为企业与企业之间的电子商务，企业与消费者之间的电子商务，消费者与消费者之间的电子商务，企业与政府之间的电子商务，消费者与企业之间的电子商务以及代理商、商家与消费者之间的电子商务六种。

1. 企业与企业之间的电子商务（B2B）

企业与企业之间的电子商务指企业与企业之间借助互联网进行产品、服务以及信息的交换，包括企业与供应商之间的贸易，即人们常说的 B2B（Business to Business）。具体的交易过程为企业发布供求信息—订货及确认订货—支付过程—票据的签发、传送和接收—确定配送方案并监控配送过程等。企业与企业之间的电子商务一般分为两种：非特定企业间的电子商务与特定企业间的电子商务。非特定企业间的电子商务指在开放的网络环境中，针对每笔交易寻找最为合适的合作伙伴，并与该伙伴进行全面的交易行为（包括从订购到结算的整个过程）；特定企业间的电子商务指过去存在交易关系且今后会继续维持交易关系的企业，为了相同的经济利益，共同进行的设计开发。特定企业间的电子商务较为稳定，交易的渠道既可以是公共的网络，也可以是企业间为了交易专门建立的网络。提起电子商务，或许很多人认为电子商务在企业与消费者之间发生的频率更高，但其实就交易额而言，企业与企业之间的电子商务占比更多。

2. 企业与消费者之间的电子商务

企业与消费者之间的电子商务是企业与消费者之间借助互联网进行商业贸易的贸易方式，即人们常说的 B2C（Business to Consumer）。此类电子商务主要应用于商品的零售业，最常见的便是面向消费者的网上商品销售，即网上购物。对于商家而言，网上商城的建立打破了原有市场的局限性，传统意义上的商圈被打破，商家不必纠结于在哪些地方开店，只需要建立一个网上商店，便可以面向全国，甚至全球的用户，形成了真正意义上的国际化市场。另外，相较于线下商店，网上商店避免了有形商店有关的设施投资，大大降低了开店成本。由于网上商店的上述优势，B2C 交易模式成为当前电子商务模式中发展速度最快的一种，成为电子商务发展的一个重要的增长点。

3. 消费者与消费者之间的电子商务

消费者与消费者之间的电子商务是一种消费者与消费者之间借助互联网进行个人交易的模式，即人们常说的 C2C（Consumer to Consumer）。互联网的快速发展使每个人都能参与到电子商务中，电子商务不再局限于企业与消费者之间，C2C 模式凭借灵活方便、用户参与性强的特点，受到很多消费者的青睐，该模式表现出极强的发展潜力。C2C 模式的发展离不开 C2C 电子商务平台，该平台为消费者提供了一个在线交易平台，使消费者能在平台上发布待出售的物品信息，并为他们提供相配套的服务，如协调市场信息汇集、建立信用评价制度、多种付款方式等。

4. 企业与政府之间的电子商务

企业与政府之间的电子商务指企业与政府之间进行的电子商务活动，即人们常说的 B2G （Business to Government）。B2G 涵盖政府与企业之间的各项事务，如采购、税收、商品检验等。在 B2G 这一电子商务模式中，政府一方面作为消费者，通过互联网采购自己所需要的物品，并借助互联网的公开性实现公开和透明；另一方面，政府作为指导者和协调者，对企业进行宏观调控、指导规范以及监督管理，从而确保电子商务作用得到更充分、更及时的发挥。由此可见，政府在电子商务中不仅扮演着使用者的角色，进行购买活动，还扮演着电子商务宏观指导者的角色，对电子商务的发展起着指导、规范和监督的作用。

5. 消费者与企业之间的电子商务

从字面意思看，消费者与企业之间的电子商务即C2B（Consumer to Business）同B2C相比只是参与对象发生了位置的颠倒，但就其内涵来看，其实发生了本质性的变化。C2B模式首先是在美国流行起来的，这种模式以消费者为中心，即消费者先提出需求，然后企业结合消费者的需求组织生产。其实就消费者的需求来看，很多消费者一直以来都有定制的需求，但定制生产的成本相对较高，企业与消费者之间存在的空间障碍、时间障碍以及金融支付障碍等进一步增加了定制生产的成本，所以这种面向消费者的定制生产模式一直很难大范围应用。电子商务的出现为消费者与企业之间提供了快捷、方便、低成本的沟通手段，且以现代金融支付手段、物流体系以及以模块化、延迟生产技术为代表的柔性生产技术日益完备，进一步降低了定制生产的成本，为发展C2B创造了条件。

6. 代理商、商家与消费者之间的电子商务

代理商、商家与消费者之间的电子商务指代理商、商家与消费者共同搭建一个电子商务平台，该平台具有生产、消费和经营的功能。代理商、商家与消费者借助这一平台可以相互转化、相互支持、相互服务，形成“你中有我、我中有你”的利益共同体。

（二）依据交易的范围进行分类

依据交易的范围进行分类，电子商务可分为国内电子商务与跨境电子商务两类。

1. 国内电子商务

国内电子商务指发生在我国地域范围内的电子商务活动。从2003年开始，国内电子商务开始稳步发展，2013年后开始迅速发展。如今，国内电子商务发展已经进入一个新的阶段，也出现了一些新的发展趋势。具体来说，表现在三个方面。一是发展模式不断演变。近年来，B2B与B2C加速整合，并由信息平台向交易平台转变。二是零售电子商务平台化趋势日益明显，具体包括三种情况：追求全品类覆盖的综合性平台、专注细分市场的垂直型平台、大型企业自营网站逐渐向第三方平台转变。三是平台之间竞争日趋激烈，市场日益集中。

成熟的、大型的电子商务企业作为第一梯队，拉开了与其他中小型电子商务企业的差距。从支撑性电子商务服务业来看，近年来出现了不少重大的变化。比如，各方面的功能日益独立显现，呈现高度分工的局面；新一代信息技术在电子商务服务中得到快速应用，除物联网技术外，大数据逐渐让数据挖掘发挥其精准营销功能；电子商务平台的功能日益全能化。从辅助性电子商务服务来看，围绕网络交易派生出一些新的服务行业，如网络议价、网络模特、网（站）店运营服务与外包等。总体而言，国内电子商务的环境不断完善，全社会电子商务的应用意识也在不断增强。

2. 跨境电子商务

跨境电子商务，顾名思义就是跨越国境的电子商务活动，通常指分属不同关境的交易主体，利用电子商务手段订立合同、进行支付结算，并通过跨境物流送达商品、完成交易的一种国际商业活动。[①] 跨境电子商务根据进出口方向的不同可分为进口电子商务与出口电子商务；依据参与对象的不同，可分为B2B跨境电子商务和B2C跨境电子商务。从字面意思上看，跨境电子商务与国内电子商务虽然只是发生了地域上的变化，但由于不同国家的国情不同，跨境电子商务与国内电子商务存在着较大的差异。首先，在业务环节上存在差异。国内电子商务属于国内贸易，而跨境电子商务属于国际贸易，所以跨境电子商务在环节上无疑更为复杂，需要经过海关检验检疫、出口退税、进口征税、外汇结算等环节。在快递运输上，因路途遥远，物流配送时间较长，货物容易损坏，跨境电子商务容易使企业与消费者之间产生纠纷。其次，在交易对象上存在差异。跨境电子商务面向的是全球的国家与地区，而不同国家、地区有着不同的消费习惯、生活习俗和文化心理，这就需要从事跨境电子商务的企业对国外贸易、互联网、分销体系、消费者行为有很深的了解，只有这样才能做到“知己知彼，百战不殆”。最后，在适用规则上存在差异。相比于国内电子商务，跨境电子商务涉及多个国家和地区，因此跨境电子商务一般比国内电子商务要适应的规则更复杂，这就需要从事跨境电子商务的企业随时了解国际贸易体系、规则，进出口管制、关税细则、政策的变化，对进出口形势也要有更深入的了解和分析。总体而言，跨境电子商务与传统的国际贸易模式相比，具有受到地理范围限制少、交易环节较少、受各国贸易保护措施影响较小、利润率高等优点，但同时存在通关、外汇结算、退税、贸易争端处理不完善等问题，所以说跨境电子商务的发展之路仍旧漫长。

① 杨立钒，杨坚争. 电子商务概论 [M]. 北京：北京邮电大学出版社，2018：30.

二、电子商务的特点

电子商务是商务贸易和电子信息技术结合而产生的一种新型的商业贸易模式，目前已发展成为21世纪市场经济商务运行的一种重要模式，同时成为新经济环境下的一种重要的经济方式，在促进全球经济发展中发挥着越来越重要的作用。其实，在21世纪高新技术发展的大环境下，产生并发展新的经济模式是一种必然。具体而言，这种新型的商务贸易模式具有如下几个特点。

（一）商业全球化

互联网是一个覆盖全球的网络，通过互联网，企业与企业之间、个人与个人之间不仅可以实现信息的双向传输，更可以实现信息的即时交换。正是由于互联网的这种交互性与即时性，商业贸易活动能在任何时间、任何地点非面对面地进行，这是电子商务的优势之一，也将传统商业贸易依托于实体市场的地域性转换为网络虚拟环境的全球性。从这一意义上说，电子商务市场是一个全球化的大市场。其实，作为人类社会发展阶段中出现的一种现象，全球化随着各国经济、文化等活动的逐渐加深，已成为必然的趋势。的确，目前各国间的贸易已成为常态，商业全球化也已是大势所趋，电子商务所呈现出的商业全球化的特点符合全球化的趋势，同时助推了商业全球化的进程。

（二）贸易高效率

电话、传真的出现改变了以往依靠信件通信的模式，极大地提高了通信的效率，而互联网的出现再次实现了通信的颠覆。就即时性来说，电话与传真也可以实现，但电话与传真能传输的信息量会受到客观条件的限制，互联网则突破了这一限制，能在短时间内传输大量的信息。另外，与电话和传真相比，借助互联网进行的信息传递费用更低，且能够在无人值守的情况下24小时运行。正是由于互联网的上述优势，电子商务降低了时间与经济上的成本，呈现出了高效率的特点。

（三）支付方式电子化

涉及商务贸易必然会涉及金融支付，但电子商务是在互联网这一虚拟的环境中发生的，无法像实体市场中的交易一样采取实体支付的方式。由此，电子化的网上支付产生了。网上支付是电子支付的一种方式，它是通过第三方提供的与银行之间的支付接口进行的即时支付方式。通过网上支付的方式，用户可以直接将银行卡中的钱转账到网站账户中，且不需要人工确认即可即时到账。目前，除了中央银行下属机构以及一些商业银行外，很多非金融机构也先后参与到网上支付的服务中，这极大地促进了网上支付这一电子支付方式的发展。当然，由于网上支付中各种资金的信息是通过计算机网络完成的，这种虚拟性给人们带来了资金安全性的担忧。所以，大众对网上支付的安全性提出了很高的要求，这是保证电子商务发展的一个重要基础。

（四）交易便捷性

电子商务中的交易除了物流配送环节外，其他环节都是在互联网中进行的，包括商品的选择、买卖双方的沟通、金融支付，这便赋予了电子商务交易便捷性的特点。在传统的贸易模式中，买卖双方需要在固定的场所中（如市场、商店）交易，而消费者为了货比三家，往往需要花费很多的时间去各个商店或市场中进行比较，这种交易模式是低效的。但与网上购物相比，线下交易具有很强的体验性，这是网上购物目前所不能实现的，也是目前电子商务寻求线上线下相融合的一个重要原因。其实，任何事物都必然存在优点和缺点，但总体而言，电子商务所表现出的交易便捷性的特点是很多人选择电子商务的一个重要原因，并且随着物流体系的不断完善，这种便捷性将会被进一步放大。

（五）人工智能化

人工智能指由人制造出来的机器所表现出来的智能，通常指通过普通计算机程序呈现人类智能的技术。随着时代的发展，人工智能已被广泛应用于电子商务。以某知名电商平台为例，该平台具有一个依托于人工智能的巨大的推荐引擎，该引擎能实现对消费者的个性化服务，通过分析消费者的消费习惯，为消费者提供他想看到的商品，提供他想要的服务。而另一电商平台为了完善其客服体系，研发了一款智能机器人产品——智能客服机器人。作为该电商平台主站的智能客服，智能客服机器人在接收到用户的沟通需求时，会快速完成整个语言识别、需求分类、互动沟通、购物疏导等多个复杂环节，极大地提高了客服的效率，并降低了大量的人工成本。

第四节　电子商务产生的影响

一、电子商务对社会发展的影响

（一）电子商务对社会基础设施建设的影响

基础设施是影响社会经济发展以及人民生活幸福度的一个重要因素，所以“如何加强基础设施建设”一直以来都是党中央重点关注的一个话题。基础设施较为薄弱的农村则是基础设施建设的重中之重。

对于电子商务而言，互联网是其产生的一个重要基础，但如果缺乏相应的基础设施支撑，电子商务的发展将受到限制。虽然电子商务在我国发展的时间较短，但电子商务发展的速度非常快，而且展现出其在促进社会发展中积极的一面。基于对电子商务积极作用的认识，政府自 2013 年开始加大对电子商务的支持力度，先后出台了诸多支持性的政策，对基础设施建设的支持便是其中之一。例如，2021 年 2 月，中央一号文件《中共中央　国务院关于全面推进乡村振兴加快农业农村现代化的意见》发布，在文件中明确指出：“加快完善县乡村三级农村物流体系，改造提升农村寄递物流基础设施，深入推进电子商务进农村和农产品出村进城，推动城乡生产与消费有效对接。”以基础设施较为薄弱的农村地区为例，截至 2020 年 12 月，农村地区互联网普及率为 55.9%；在网络覆盖方面，贫困地区通信“最后一公里”被打通，截至 2020 年 11 月，贫困村通光纤比例达 98%。① 其实，电子商务与社会基础设施建设是一种相互促进的关系，电子商务所凸显的重要作用进一步推进了基础设施的建设；而基础设施的不断完善又反过来推进电子商务的进一步发展，从而实现一个良性的循环。

（二）电子商务对社会经济发展的影响

经济全球化和贸易自由化虽然为全球各国及各地区的经济发展带去了积极的作用，但风险和不确定性因素也在逐渐增多。在这种大环境下，我国经济

① 中国互联网络信息中心. 第 47 次中国互联网络发展状况统计报告 [R]. 北京：中国互联网络信息中心，2021.

克服诸多困难与挑战，在高速发展的道路上始终奋力前进。其中，以电子商务为代表的数字经济取得了长足的发展，为推动我国社会经济的发展贡献了重要的力量。2019 年，中国电子商务市场规模持续引领全球，服务能力和应用水平进一步提高。中国网民规模已超过 9 亿人，互联网普及率达 64.5%；全国电子商务交易额达 34.81 万亿元，其中网上零售额 10.63 万亿元，同比增长 16.5%，实物商品网上零售额 8.52 万亿元，占社会消费品零售总额的比重上升到 20.7%；电子商务从业人员达 5 125.65 万人。①

另外，随着电子商务的发展，电子商务已经逐渐下沉到乡村，越来越多的乡村开始发展电子商务。乡村电子商务为促进乡村经济发展，促进乡村振兴战略的实现发挥了重要的作用。2019 年，农村电商进入规模化、专业化发展阶段，跨境电商成为外贸转型升级的重要方向。全国农村网络零售额达 1.7 万亿元，同比增长 19.1%；农产品网络零售额 3 975 亿元，同比增长 27.0%。截至 2019 年，电子商务进农村综合示范对全国 832 个国家级贫困县实现全覆盖，电商扶贫对接、“三品一标”认证深入实施，工业品下行、农产品上行的双向渠道进一步畅通，“下沉市场”的消费潜力得到释放。② 以河南省为例，仅 2020 年“双十一”期间，河南省通过电商平台实现农村网销额 29.44 亿元。从产品类别看，农产品网销额 16.5 亿元，占一半以上，达 56%；从地域看，南阳市网销额以 21.5 亿元遥遥领先，占全省的 73%，其中镇平县网销额 14.4 亿元，占全省的 49%，主要网销产品为玉石，网销额达 11 亿元。③ 上述数据直观地展现出电子商务在促进社会经济发展以及在促进乡村发展（包括脱贫攻坚）方面所发挥的重要作用。相信随着我国网络基础设施的不断完善，电子商务的市场将会进一步被释放，其促进社会经济发展的作用将进一步发挥。

（三）电子商务对社会产业发展的影响

产业优化升级是国家经济持续发展的重要途径，有助于企业实现产业价值链的跃迁，提高企业的市场竞争力。在社会发展的过程中，各个企业都在不断增加科技创新的投入，积极引进先进技术并学习其他企业的管理经验，以此促进产业结构不断趋向合理化。电子商务作为一种以互联网为依托的新的经济形态与商业模式，使传统的产业发展形势发生了变革，其在优化产业链、拓展营

① 商务部电子商务和信息化司．中国电子商务报告 2019[R]. 北京：商务部电子商务和信息化司，2019.

② 同②。

③ 河南省商务厅办公室．河南商务简报 [R]. 郑州：河南省商务厅办公室，2020.

销渠道和高速扩散信息方面均发挥了重要的作用。的确，近些年，电子商务新模式新业态不断涌现。人工智能、大数据、小程序等技术广泛应用，直播电商、社交电商、跨境电商海外仓等模式深化创新，顺应了时下多元化、个性化、重视体验的消费需求。与此同时，电子商务带动线上线下融合发展的趋势更加明显，餐饮企业、零售门店主动拓展线上市场空间，传统实体经济在数字化转型方面做出新的探索和尝试。网络零售向智能制造领域延伸，电子商务平台与产业链中的各方建立数字化连接，对于提升供应链运营效率和助推产业转型升级成效明显。①

另外，电子商务在促进产业融合上发挥了积极的作用。产业融合指不同产业或同一产业内的不同行业部门相互渗透、相互交叉，最终融为一体，逐步形成新的产业发展形态的过程。② 产业融合是在科学技术迅速发展、经济全球化的大背景下，提高产业竞争力的一种产业组织形式，它的积极作用有三个：第一，有助于促进传承产业的创新；第二，通过区域产业的融合推动区域经济的一体化；第三，提高产业的竞争力。从某种意义上说，产业融合是城乡融合、区域融合的本质，它是以第五产业知识产业为主导，第一产业农业为基础，第二产业工业为中介，第三产业服务业为核心，第四产业信息业为配套，是在产业层面通过资源优化配置实现资源优化再生、推动产业升级的系统工程。产业融合是社会产业发展的一个必然趋势，国家在政策方面也多次予以强调。例如，2018 年 6 月 7 日，中华人民共和国农业农村部发布了《农业农村部关于实施农村一二三产业融合发展推进行动的通知》，其中明确指出："通过大力发展金融服务、物流配送、电子商务、休闲农业和乡村旅游等新产业新业态新模式，引导第三产业逐步实现主体多元化、业态多样化、设施现代化、发展集聚化、服务规范化，拓宽产业融合发展新途径。"

如今，随着互联网的不断发展，"互联网 + 产业"的电子商务模式促进了社会产业的进一步融合。比如，很多乡村依托农业发展优势，借助互联网平台，将农业与旅游业相融合，打造乡村旅游项目，促进了乡村产业以及经济的发展。以山东省为例，其凭借"好客山东"的品牌效应，不断加强旅游乡村的建设。在 2020 年文化和旅游部、国家发展改革委联合公布的全国乡村旅游重点村名单中，山东省有 24 个乡村入选。在此基础上，山东省文化和旅游厅借助互联

① 商务部电子商务和信息化司 . 中国电子商务报告 2019[R]. 北京：商务部电子商务和信息化司，2019.

② 程瑞芳 . 旅游经济学 [M]. 重庆：重庆大学出版社，2018：127.

网打造了“好客山东网”，该旅游网站包含初识山东、专题推介、产品预订、探索山东、品读山东、旅游手册等几个板块，包括对山东旅游资源的介绍以及预约、购票等服务，同时为了适应移动电子商务的发展，该网站还设置了小程序码，消费者只需要扫码关注小程序便可以直达旅游景点的门票预约平台。

二、电子商务对企业的影响

随着电子商务的发展，越来越多的企业认识到电子商务的重要作用，也认识到实现电子商务是企业发展的必由之路。的确，电子商务对传统企业的影响是巨大的，不仅影响着企业的管理，更影响着企业的采购、生产、研发、加工、存储、销售以及客户服务等一系列内容。因此，在下面的论述中，笔者将从价值链的角度着手，系统分析电子商务对企业产生的影响。

（一）电子商务对企业采购产生的影响

在电子商务出现之前，企业采购原材料的方式通常以订货会、供需见面会等方法为主，这些方法往往需要花费大量的人力、物力与财力。电子商务的出现拓展了原材料采购的途径，降低了企业原材料采购的成本。在互联网时代，商业贸易模式发生了巨大的转变，企业之间的竞争不仅取决于企业占有资源的多少，而且取决于企业可控制资源的多少。因此，企业必须充分利用外部资源，发挥互联网的作用，使自己与合作伙伴、供应商之间能有效地互通互联，做到信息资源实时共享，从而降低采购成本，提高运作效率。具体而言，这一点主要体现在以下三个方面。

1. 电子商务有助于企业掌握采购的主动权

掌握采购的主动权对企业来说至关重要，而电子商务无疑能帮助企业更好地掌握采购的主动权。首先，企业可以根据自身的实际需求，通过互联网公布自己的采购需求，吸引供应商前来洽谈，降低企业采购的盲目性。其次，对于前来洽谈的供应商，企业可以利用供应商之间的竞争降低采购的成本，并获得供应商更多的售后承诺。

2. 电子商务有助于提高企业采购的透明度

原材料是影响产品质量的一个重要因素，如果企业原材料采购能实现透明和公开，无疑能进一步赢得消费者的信任。对于消费者而言，产品质量是他们最为关心的一个话题。在互联网时代，企业可以选择将生产流程向大众公开，以此凸显企业对产品质量的重视。同样，借助互联网平台，企业可以将采购的各个环节在互联网上公开，邀请广大消费者进行监督，真正实现“阳光采购”。

3. 有助于优化企业采购管理过程

电子商务采购是在对业务流程进行优化的基础上，按软件规定的标准流程进行的，可以规范采购行为，规范采购市场，有利于建立一种比较良好的经济环境和社会环境，减少采购过程的随意性。另外，电子化采购是一种“即时性”采购，使企业由“为库存而采购”转变为“为订单而采购”，提高物流速度和库存周转率，实现采购管理向供应链管理的转变，逐步实现由高库存生产转向低库存生产，直至实现零库存生产。

（二）电子商务对企业生产加工产生的影响

从某种意义上说，企业与消费者的关系是一种供需关系，企业是供给方，消费者是需求方。只有企业和消费者之间的供需关系一直维持平衡，才能实现企业利益的最大化。由此可见，企业产品的生产加工不是盲目的，而是要结合消费者的需求。企业在对市场需求进行分析的基础上，制订生产加工计划。电子商务的出现，改变了企业市场分析的方式方法，也自然对产品的生产加工产生了影响。

1. 转变了企业生产方式

企业在传统生产模式下的生产方式是规模化、流程固定的流水线生产，这种生产方式效率较高，但在对供需关系的考虑中往往以企业为主。而基于电子商务的生产则属于顾客拉动型生产，因为借助互联网平台以及大数据和云计算等技术，企业能快速获得消费者的需求信息，然后结合消费者的需求进行生产。另外，电子商务的出现为定制化生产创造了条件，因为电子商务的出现为消费者与企业之间提供了快捷、方便、低成本的沟通手段，且以现代金融支付手段、物流体系以及以模块化、延迟生产技术为代表的柔性生产技术日益完备，这又进一步降低了定制生产的成本，使定制化的生产方式成为可能。

2. 提高了库存管理效率

在企业传统的生产加工管理中，企业为了应对交货延迟、交货失误等问题，通常会确定一个库存量，尤其是那些生产加工周期较长的产品，对市场需求变化的反应较慢，库存的重要性更为凸显。但库存越多，库存管理的费用就越高，并降低了资金的使用率。电子商务的出现在改变生产方式的基础上，对产品的库存也产生了影响。在传统以企业为中心的生产模式中，企业与消费者之间的供需关系存在一定的不对称性，这就容易导致预留的库存出现积压，从而影响库存管理效率。而基于电子商务的生产模式是以消费者需求为基础的，大大降低了企业与消费者之间供需关系的不对称性，也避免了库存积压过多的情况，从而使库存管理效率有效地提高。

（三）电子商务对企业营销产生的影响

产品销售是企业盈利的关键环节，只有将产品销售出去，才能实现利润的增长。电子商务的出现改变了传统的商业贸易模式，自然也对企业的营销产生了影响。具体而言，电子商务对企业营销产生的影响主要表现在如下两点。

1. 降低了企业营销的成本

电子商务的发展，减少了传统营销过程中代理商、经销商、加盟商等中间环节，大大节省了企业通过中间环节的成本，使企业与消费者通过电商平台直接买卖，建立了集快速、便捷、低价、服务于一体的营销渠道。尤其是对一些小的商户来说，实体店首先会产生数额不小的租金，这些租金在其营销成本中占有很高的比例，而入驻电子商务平台则省去了这笔租赁实体店铺的租金，降低了营销成本。另外，一些大的企业为了进一步提高营销的效率，甚至会建立属于本企业的网站，通过网站一方面可以对外发布企业、产品、广告、新闻等信息；另一方面，可以通过网站实施营销，成为企业直销的重要窗口。无论是入驻电商平台，还是建立自己的企业网站，都能促进企业营销成本的降低，而这些被节约下的成本可以用于提高服务质量，从而提高产品口碑，提高品牌竞争力。

2. 突破了空间与时间的限制

在传统的营销模式中，企业产品的营销不可避免地受到时间与空间的限制，尤其是对一些中小企业而言，它们不能像一些大企业一样在全国各地开设连锁性的商店，这就降低了中小企业与大企业竞争的能力，从而影响整个市场的活力。而电子商务环境下的网络销售不受空间的限制，企业通过电商平台可以面向全国各地，甚至全球各地的消费者。以最近几年发展起来的县域电商为例，2019 年，全国县域农产品网络零售额达 2 693.1 亿元，同比增长 28.5%，农产品电子商务市场进一步被激活。其中，植物类农产品的网络零售额为 2 142.9 亿元，占比 79.6%；动物类农产品的网络零售额为 433.3 亿元，占比 16.1%；农资类产品的网络零售额为 116.9 亿元，占比 4.3%。[①] 毋庸置疑，正是因为电子商务跨空间的特点，才为县域带来了如此大的销售市场，从而促进了县域经济的增长。另外，电子商务也突破了时间的约束，因为网上店铺没有“下班关门”一说，能实现全天 24 小时“在线”，消费者随时可以浏览店铺并下单购买。

---

① 农业农村部信息中心. 2020 全国县域数字农业农村电子商务发展报告 [R]. 北京：农村农业部，2020.

（四）电子商务对企业客户服务产生的影响

客户服务是维持企业与消费者的关系，提升消费者对企业信任度的重要途径，很多企业都是通过良好的客户服务提升了品牌形象，进而推动企业的发展。电子商务的出现促使了企业对客户服务方式的变化。

1. 智能化的客户服务方式

智能化的客户服务方式主要体现在两个方面：一是客户服务中人工智能的应用；二是满足客户需求的服务。关于人工智能，在前文笔者已经指出，这是电子商务发展的一个必然趋势，而将人工智能应用到客户服务中，能极大提高客户服务的效率。满足客户需求的服务指企业在电子商务的基础上，建立客户智能管理系统，企业通过它收集和分析市场、销售、服务和整个企业的各类信息，对客户进行全方位了解，从而理顺企业资源与客户需求之间的关系，提高客户满意度并减少客户流失的可能性。同时，通过获取并分析与客户所有的交往历史，从整个企业的角度认识客户，形成较为完整的客户信息。当客户需要服务的时候，企业第一时间将客户的信息资料调取出来，以此作为服务客户的一个参考，从而降低服务的盲目性，满足客户服务需求。

2. 互动化的客户服务方式

网上互动是一种客户服务的新型沟通方式，在消费者越来越注重消费体验、注重人性化服务的今天，互动化的服务方式显得越来越重要。要理解互动化的客户服务，首先要突破电子商务便是网购的狭隘理解，因为互动性的客户服务不是发生在网店，也不只发生在售后，而是发生在各个互联网平台以及任何一个时间段。就互联网平台来说，除电商平台，还有微信平台、微博平台、短视频平台，这些平台分布有大量的用户，企业应该充分利用这些平台，在这些平台上申请官方账号，并借助官方账号发布与企业、企业产品有关的信息，然后在留言区与用户进行积极的互动。这种借助互联网各大平台与消费者形成的互动式服务，不仅可以拉近企业与消费者的距离，让消费者产生一种亲密感，还有助于企业收集消费者对企业以及产品的意见，从而为企业的经营决策提供依据。

三、电子商务对消费者的影响

电子商务在对企业产生影响的同时必然会对消费者产生影响。营销管理专家菲利普·科特勒将消费者购买决策过程划分为五个阶段，包括确认需要、搜集信息、评估选择、决定购买和购后行为。[①] 电子商务对消费者产生的影响便可以从这五个阶段进行分析。

（一）电子商务对消费者需求的影响

需求是购买行为产生的开始，当消费者对某一物品产生需求后，便有可能产生后续的购买行为。消费者需求的产生可能是由内在生理活动引起的，也可能是由外在环境刺激引起的，抑或是由内外两种因素共同引起的。对于企业来说，激发消费者的购买需求是第一步，因为没有消费需求，也便不可能产生后续的购买行为。在互联网出现之前，企业通常借助电视媒体、纸媒等渠道对产品进行宣传，增加产品曝光度，并且在宣传的过程中会为产品附加某种价值，以此刺激消费者购买需求的产生。互联网出现之后，网媒成为一个重要的渠道，企业通过电商平台以及其他互联网平台对产品进行宣传，并将宣传内容与销售链接结合到一起，比如短视频平台的视频宣传内容下会附带产品购买的链接，消费者在观看视频的短时间内受视频的影响最大，购买需求产生的概率也相对较高，这时附带的购买链接为消费者的购买提供了便利，消费者购买的可能性也相对较大。另外，近些年兴起的直播电商也在影响着消费者的购买需求，一些消费者本身对某种产品没有购买需求，但在观看直播的过程中，受主播的影响突然产生了购买需求，这种消费其实属于冲动消费，是一种不理智的消费行为，对于消费者来说，其应该减少冲动消费，保持一种相对理智的消费状态。

（二）电子商务对消费者信息搜集的影响

通常情况下，消费者产生购买需求后，便会针对自身的需求进行信息搜集，以往信息搜集的来源主要有三种：个人来源、公众来源和商业性来源。个人来源一般指从身边的朋友、家人处得到的信息，这些信息较为真实和直接，但由于身边的朋友和家人未必有对某些商品的购买经验，因此这一渠道获得信息的优势是非常有限的。公众来源是指从报刊、电视等大众宣传媒介的客观报道和消费者团体的评论中得到的信息，这些信息同样比较真实，但获取渠道比较麻烦，当消费者产生购买需求的时候，很难立刻通过公众渠道获得信息。商业性来源指从商业广告、商品陈列与展览、销售人员介绍等处得到的信息，通过这些渠道了解的信息往往不够真实，因为商业性的宣传不免会有“自卖自夸”之嫌，通过这些渠道了解到的信息，需要消费者进行一定的分辨。

---

① 陈劲松，何会玲．电子商务对消费者购买行为的影响分析 [J]．中国管理信息化（综合版），2006(10): 91–93.

电子商务的出现极大地提高了消费者信息搜集的效率，降低了信息收集的成本，扩大了信息搜集的半径。搜索引擎为消费者进行信息搜集提供了便利，节省了信息搜集的时间和成本。消费者只需要在电子商务平台上输入想要购买的商品名称，便可以获得商品的相应信息，而且电子商务平台上也都有用户的使用评价，这些评价类似于上文提到的公众信息，具有较高的真实性，可作为消费者购物的一个参考。另外，各种网站也为消费者信息获取提供了便利，在各种门户网站上，消费者很容易了解某类商品的市场行情。

（三）电子商务对消费者购买选择的影响

消费者购买选择的影响因素很多，包括商品价格、购买的时间成本、精力成本等。在传统的购物方式中，消费者为了降低经济成本，往往会“货比多家”，但这样会花费大量的时间成本与精力成本。在生活节奏越来越快的今天，很多人在繁忙的工作之余希望能将时间花费在休闲上，而不是单纯的购物上。在基于电子商务的网络购物模式中，消费者为了降低经济成本，同样可以“货比多家”，因为打开手机便可以浏览任何一家网店，所以省去了路途上的时间，而且从一个网店转移到另一个网店也非常便捷，这样就大大降低了消费者的时间成本与精力成本。当然，网上购物并不能实现商品的随买随到，从下单到送货到家有一个物流配送的时间间隔，而且网上购物也缺少了在实体店购物的体验感。总体而言，基于电子商务的网上购物有其优势，也有其不足，但作为一种便捷的购物方式，电子商务对消费者购买选择的影响是毋庸置疑的。

（四）电子商务对消费者购买决策的影响

消费者的购买决策包括在哪家店铺购买、购买哪个品牌、购买的数量以及支付的方式。在传统的实体店购买方式中，消费者往往受时间和精力的限制，可选择的店铺、品牌往往会受到限制。而电子商务的便捷性决定了消费者可以浏览更多的店铺和品牌，也可以在任何时间段购买商品，这就为消费者购买决策提供了更多的可选择性。至于支付方式，电子商务的发展也促进了电子支付的发展，使消费者具有更多可选择的支付方式。

（五）电子商务对消费者购后行为的影响

消费者在购买产品后，产品使用的满意度会直接影响其购后的行为。如果消费者在使用产品之后发现产品的实际性能与产品介绍大体相符，或者说与消费者之前购买的同类产品性能相近，便会感到基本满意；如果产品性能超出预期，便会感到非常满意；如果产品性能达不到预期，往往会感到失望。满意度所影响的消费者的购后行为对企业产品品牌形象的形成具有很大的影响，因为通过消费者传播出去的信息往往更为真实，更能取得其他消费者的信任。在电子商务出现之前，消费者的购后行为影响的范围较小，通常只会影响其身边的家人、朋友或同事，不会造成大范围的传播。而电子商务平台出现之后，消费者的购后行为不再受空间的约束，他们既可以在自己购买产品的电子商务平台上发表自己对产品使用的感受，也可以在其他互联网平台上发表，包括在企业的自建网站上发表。对于企业来说，消费者的购后行为是一个非常重要的参考依据，企业要积极响应消费者的购后行为，并积极与消费者进行沟通，这样不仅有助于企业自我完善，还有助于增强企业与消费者之间的情感关系，对企业的发展来说意义匪浅。

第二章　电子商务人才培养基础

第一节　电子商务人才职业能力结构解读

一、职业能力

（一）职业能力的内涵

职业能力指顺利完成某种职业活动所必需的多种能力的综合。一般情况下，不同的职业对职业能力的要求也不同。有的需要实践操作能力，有的需要语言组织能力，有的需要人员协调能力。当然，这种职业能力要求只是侧重点不同。任何职业活动的完成都不是依靠某一种职业能力，往往需要几种能力的综合。对于从业者来说，职业能力的高低在一定程度上反映了其胜任某项职业的可能性，也反映了其在该职业中取得成功的可能性。其实，每个人都有自己独特的能力结构，企业在选聘从事某个职业的人员时，要对职工的职业能力进行综合性的考量，然后根据职工的职业能力情况安排合适的岗位，这样才能做到人尽其才，使职工发挥最大的能力，并促进职工和企业的发展。

如果要进一步解读职业能力的内涵，我们可以从个性心理特征所包含的知识、技能与态度三个方面着手，即将职业能力解释为完成某项职业活动所必需的知识、技能和态度。职业知识是职业领域基本的内容和规范要求，简单来说，就是从事某项职业需要掌握的基础知识。职业技能指个体参与某项职业所必需的技术和能力，与职业能力的不同之处在于，职业技能偏重于实践中的职业操作。职业态度指个体对所从事职业的看法，这种看法在个体行为举止上会产生一定的反应倾向。职业态度通常与个体对职业的价值认识有关，属于心理因素层面，所以容易受个体主观因素的影响。当然，客观环境（如工作条件、管理方式、人际关系等）同样会对个体的职业态度产生影响。就三者及其与职业能力的关系来看，职业知识是职业能力的基础，职业技能是职业能力的关键，职业态度是职业能力的灵魂。三者是职业能力的重要组成部分，相辅相成，缺一不可。三者及其与职业能力的关系具体可参见图 2-1。

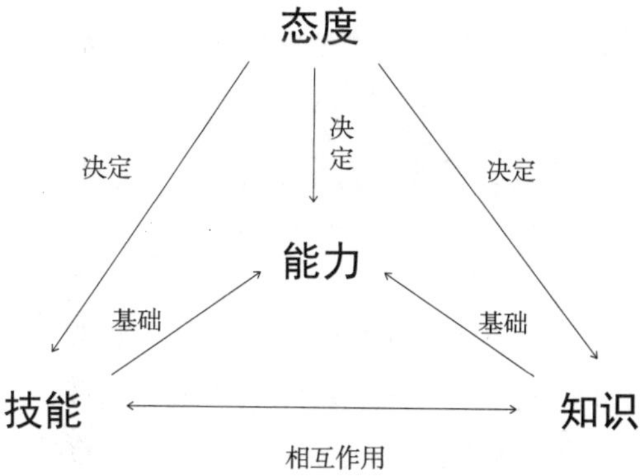

图 2-1　职业知识、技能、态度及其与职业能力的关系示意图

（二）职业能力的特点

职业能力的特点是职业能力发展过程中以及其在职业活动中表现出的特点。了解职业能力的特点，对了解职业能力的内涵及培养职业能力具有非常重要的意义。具体来说，职业能力的特点表现在发展性、层次性、层级性和综合性四个方面。

1. 职业能力的发展性

职业能力的发展性表现在两个方面：一是个人职业能力随时间发展；二是职业能力要求随时代发展。首先，对个人来说，职业能力绝不是停滞不前的，随着个体不断进行知识学习以及实践操作，个体的职业能力也会不断提升，只是不同的个体，职业能力提升的快慢会呈现出一定的差异。造成这种差异的原因是复杂的，包括个体对职业知识的掌握程度，个体的职业态度以及职业匹配等因素。其中，职业匹配是一个普遍存在的因素，当个体所从事的职业与其职业能力结构不匹配时，其职业能力发展就会不理想，所以个体要加强对自己能力结构的认知，在职业选择时尽量选择与自身能力结构相匹配的职业；而企业也要加强对职工职业能力结构的分析，将职工安排到适宜的岗位，做到人尽其才。

其次，对职业能力要求来说，随着时代的不断发展，职业能力的内涵自然会随之发生变化。的确，如今我们已经从工业化时代进入信息化时代，产业对职业能力的要求自然不同，而且互联网时代下产业融合的速度在加快，融合后的产业对职业能力的要求又会发生变化。总体而言，随着时代的发展，职业能力的内涵在不断变化，对从业者职业能力的要求不断提升，个体只有不断提升自我，提升自己的职业能力，才能适应时代的发展。

2. 职业能力的层次性

职业能力的层次性指职业能力由不同层次的能力构成，具体包含基本能力、关键能力和核心能力。基本能力指个体所应具备的某一职业要求的一般技术素养，这是个体从事职业活动，甚至是生存于世的基本能力，但个体职业岗位发生变化后，个体仍然能依靠基本能力谋取生存。关键能力指个体在关键技术方面所具备的能力，其具有关键性与特殊性的特点。关键能力是个体能否进入关键岗位的基本条件。核心能力指个体在核心技术方面所具备的能力，其特点是他人难以取代，显示出明显的独一无二性。对于教育阶段的学生培养来说，主要培养的是基本能力。至于关键能力与核心能力，学生需要在今后的工作中继续保持一种学习态度，使自己逐渐具备关键能力与核心能力，从而创造更多的价值。

3. 职业能力的层级性

职业能力的层级性与层次性虽然只有一字之差，但两者表示的内容却不同。层次性表示的是不同层次的能力构成，而层级性表示的是职业能力的不同阶段。一般情况下，我们将职业能力分为入门阶段、提高阶段、精通阶段、专家阶段。以入门阶段的职业能力为例，该阶段的职业能力要求为对职业领域的基本知识原理有一定的了解，能运用工具进行基础性操作，熟悉行业规则，具备一定的职业道德意识。一般中职毕业生需要达到这一阶段的职业能力水平。了解职业能力的层级，有助于教育工作者处理好不同阶段学生职业能力培养的要求，从而有针对性地制定培育计划与培育策略。

4. 职业能力的综合性

职业能力的综合性表现在其丰富的内涵上，包含职业知识、职业技能和职业态度，关于这三点笔者已经在前文有所论述，在此不再赘述。

二、中职阶段电子商务人才的职业能力结构

（一）中职阶段电子商务人才职业能力的要素构成

中职学生一般为 15 ～ 18 岁的青少年，他们对基础知识的掌握还不全面，身心发展、价值观等也不完全成熟。除了对他们进行技能培育之外，教师还需要对他们进行高中阶段的基础知识教育以及道德素养教育。由此可见，中职阶段的教育一般都是浅而广的，为学生的后续深造学习奠定基础，而技能通常以实用为主，以便学生毕业后能依靠一门技术在社会上立足。如果仅就中职阶段

电子商务方向的职业能力来看，我们以职业能力内涵中的职业知识、职业技能和职业态度为框架，分析其构成要素。

1. 中职阶段电子商务人才的职业知识

中职阶段电子商务人才的职业知识指学生毕业后进入相关职业所必需的理论知识，包括与计算机相关的计算机使用和互联网操作的知识，电子商务的基础知识，电子商务运作过程中所需要的网店开设、信息处理、网络营销、电子支付和物流等基础性的知识。这些知识一方面为学生求学深造奠定基础，另一方面，能保障学生进入社会后可以凭借一定的知识基础进入相关行业工作。

2. 中职阶段电子商务人才的职业技能

中职阶段电子商务人才的职业技能指学生运用所学的知识进行基础电子商务活动的能力，主要包括电子商务软件使用能力、网店的经营与操作能力和网店流程中必需的电子支付和物流配送能力。该能力能保障学生进入相关行业后顺利开展电子商务活动并完成基本的电子商务任务。

3. 中职阶段电子商务人才的职业态度

中职阶段电子商务人才的职业态度指学生进入行业后应该具备的职业道德，包括遵守电子商务行业规范、对工作认真负责以及其他道德层面上的职业要求。中职阶段的学生的身心发展、价值观等还未完全成熟，所以在职业态度的培养上，教师应该秉承循序渐进的原则，切忌操之过急。

上述职业能力要素解构只是一种较为粗浅的解构，我们还可以在职业知识、职业技能和职业态度的基础上做进一步的解构，将其细化为二级指标和三级指标，具体如表 2-1 所示。

表 2-1　中职阶段电子商务人才职业能力的要素构成

	一级指标	二级指标	三级指标
中职阶段电子商务人才职业能力的要素	职业知识	专业基础知识	电子商务基础与商务安全
		专业知识	网上信息的采集与发布、网店开设、网络营销
		专业相关知识	客户服务、物流配送、电子支付
	职业技能	软件操作技能	电子商务相关软件的使用、网店设计、网店商品管理
		流程性技能	物流收发货、退换货
		客户服务技能	客户服务相关的技巧与规则
	职业态度	职业道德	

（二）中职阶段电子商务人才职业能力的内容结构

虽然我国电子商务目前处于高速发展的阶段，市场对人才的需求量较大，但其实很多人对电子商务具体的职业能力要求或岗位需求并不十分清楚。这就在一定程度上影响了电子商务人才的培养，导致了电子商务人才培养的盲目性。基于此，笔者通过分析近几年中国电子商务人才状况调查报告，总结了电子商务岗位的职业能力要求，具体如表 2-2 所示。

表 2-2　电子商务岗位及其能力要求

岗位类别	职　位	技能要求
技术类	网站美工	图片处理与网页制作能力
	网站开发和架构师	网站设计与开发能力
	SEO/Web 工程师	程序语言开发与设计能力
营销类	网络营销专员	网络营销策划能力
	产品营销专员	客户沟通交流能力
商务类	网店客服人员	沟通与服务能力
	网店店主	网店运营能力
	电子商务平台运营推广人员	运营能力与互联网资源利用能力
管理类	电子商务平台管理者	综合管理能力

由表 2-2 可知，企业对电子商务产业人员职业能力上的要求体现在四类岗位上包括技术类岗位、营销类岗位、商务类岗位和管理类岗位。岗位的不同，对职业能力的要求也不同，并且这些能力的培育也有难易和阶段之分。比如，技术类等易于操作的能力培养相对简单，而营销、管理等不易于操作的能力培养相对较难。

在对当前社会电子商务岗位及其能力要求进行分析的基础上，笔者结合中职阶段电子商务专业的教育能力以及学生年龄特征，进一步总结了中职阶段电子商务人才职业能力的内容结构，即计算机操作能力、电商平台运营能力、网络营销能力和综合管理能力。计算机操作能力通过学习计算机基础知识和操作、网页设计、网站建设、办公软件以及图片处理软件等知识和技能获得，能满足网店美工、网页设计、网站维护等岗位的人才需求。电商平台运营能力的培养主要为了满足网店服务、管理及运营等岗位的人才需求，所以学生需要学习电子商务的基础知识，了解电子商务的运作过程和法律法规，掌握与网店运营相关的支付、物流和客户服务相关的知识与技能。网络营销能力是非常关键的能力，无论对线上还是对线下，具备营销能力无疑能帮助学生获得更好的职业发展。一般通过网络营销知识的学习，网络营销方法的掌握，线上资源获取和发布等技能的培养提高学生网络营销能力。综合管理能力很难在教学中进行有效培养，但学生通过学习一些理论知识能初步建立综合管理的思维，从而在从事相关行业后能更快地提升综合管理能力。

综合来看，中职阶段电子商务人才职业能力的内容结构是要素结构的具体体现和实践要求。要素结构从较为宏观的视角论述了电子商务职业能力所需要包含的类型与内容，虽然笔者进一步阐述了职业能力要素结构的二级指标和三级指标，但结合内容结构无疑能将电子商务职业能力结构剖析得更加透彻，从而便于更多人明晰电子商务的职业能力结构，进而在此基础上，理解中职阶段电子商务人才职业能力培养的要求和核心。

三、中职阶段电子商务人才职业能力测量标准

在剖析中职阶段电子商务人才职业能力结构的基础上，构建与之相对的职业能力测量标准有助于我们进一步理解中职阶段电子商务人才职业能力培养的要求和核心。至于如何构建职业能力测量标准，笔者认为可以参考《电子商务师国家职业标准》中对电子商务员（国家职业资格四级）的等级要求。其中，电子商务员的报考条件为满足下列条件之一：

（1）在本职业连续工作 1 年以上；

（2）具有以中级技能为培养目标的技工学校和中等职业学校本专业毕业证书；

（3）经本职业电子商务员正规培训达规定标准学时数，并取得结业证书。

第二条的要求与中职教育阶段培养的要求相匹配，所以可以将电子商务员的职业标准作为中职阶段电子商务职业能力培养测量标准，具体如表 2–3 所示，各项能力测量所占比重如表 2–4 所示。

表 2-3 中职阶段电子商务人才职业能力测量标准（电子商务员等级标准）

职业功能	工作能力	技术要求	相关知识
网络使用	基本网络工具使用	（1）能使用一种浏览工具 （2）能使用电子邮件工具 （3）能进行网上表单创作	（1）网络基础知识 （2）表单基础知识 （3）EDI 基础知识 （4）电子商务英语（入门）
	网页制作	（1）能运用常用的网页制作工具 （2）能完成静态网页制作	（1）网页制作方法 （2）网站维护方法
	基本安全技术	（1）能使用一种防病毒软件 （2）能及时更新防病毒软件	网络文件下载方法
网络营销	网络商务信息采集	（1）能使用一种网络检索工具采集信息 （2）能运用电子邮件收集客户信息 （3）能够对网络信息进行初步分类整理	网络信息的收集与整理方法
	网站商务信息发布	（1）利用电子邮件发布商务信息 （2）在其他网站上发布网络广告	（1）网络信息的发布方法 （2）网络广告的发布方法
电子交易	电子支付	能使用常用的电子支付工具完成电子支付	借记卡、信用卡、电子支票等使用知识
	交易安全	能在电子支付中安全使用密码	（1）密码基础知识 （2）电子商务法律基础知识

表 2-4　各项职业能力测量所占比重

<table>
<tr><th colspan="3">项　目</th><th colspan="2">比重（%）</th></tr>
<tr><td rowspan="5">理论知识</td><td rowspan="2">基本要求</td><td>职业道德</td><td>10</td><td rowspan="2">20</td></tr>
<tr><td>基本知识</td><td>10</td></tr>
<tr><td rowspan="3">相关知识</td><td>网络使用知识</td><td>60</td><td rowspan="3">80</td></tr>
<tr><td>网络营销知识</td><td>10</td></tr>
<tr><td>电子交易知识</td><td>10</td></tr>
<tr><td rowspan="7">技能操作</td><td rowspan="3">职业功能
网络使用</td><td>基本网络工具使用</td><td>35</td><td rowspan="3">60</td></tr>
<tr><td>网页制作</td><td>15</td></tr>
<tr><td>基本安全技术</td><td>10</td></tr>
<tr><td rowspan="2">网络营销</td><td>网络商务信息采集</td><td>10</td><td rowspan="2">20</td></tr>
<tr><td>网站商务信息发布</td><td>10</td></tr>
<tr><td rowspan="2">电子交易</td><td>电子支付</td><td>15</td><td rowspan="2">20</td></tr>
<tr><td>交易安全</td><td>5</td></tr>
</table>

第二节　我国电子商务人才的供需分析

一、我国电子商务人才供需的背景分析

（一）我国电子商务市场规模的不断扩大

20 多年来，我国电子商务历经萌芽期、稳步发展期和快速发展期，规模在不断壮大，逐步成为我国社会产业中的重要组成部分。2019 年，我国电子商务依旧保持快速增长的态势，市场规模进一步扩大。国家统计局电子商务交易平

台调查显示，2019年，全国电子商务交易额达34.81万亿元，比上年增长6.7%。其中，对单位交易额20.46万亿元，比上年增长1.5%；对个人交易额13.30万亿元，比上年增长15.5%。对个人交易中，商品类交易额和服务类交易额的增速分别为17.1%和12.8%；商品类交易额25.50万亿元，比上年增长5.3%；服务类交易额8.26万亿元，比上年增长11.0%；合约类电子商务交易额1.05万亿元，比上年增长10.1%。[①] 另外，截至2019年年底，中国有8.5万家电子商务服务企业可以为各类电子商务企业提供交易、支付、物流、信息技术、认证、代运营、营销、咨询、培训等多方面电子商务服务。[②]

电子商务规模的不断扩大必然会产生对人才的大量需求，根据《2019年度中国电子商务人才状况调查报告》的数据，有80%的电子商务企业存在人才缺口，其中30%的电子商务企业有大规模的人才招聘计划。此外，乡村是电子商务新进开拓的市场，但由于受种种客观因素的影响（如经济发展、社会资源、居住环境等），很多毕业后的学生都会优先选择在城市发展，从而导致农村电子商务的人才缺口难以得到满足。然而，由2017年开始实施的乡村振兴战略可知，促进乡村发展将成为国家未来发展的重中之重，而且随着乡村网络基础设施建设的不断完善，乡村电子商务的市场潜力将会得到进一步的释放。这种乡村电子商务发展的市场潜力决定着乡村电子商务未来对人才的需求将会进一步扩大。根据2020年6月中国农业大学智慧电商研究院发布的《2020中国农村电商人才现状与发展报告》，未来五年，中国农村电子商务人才缺口将达350万人。总体而言，无论是城市还是乡村，面对电子商务市场规模的不断扩大，电子商务人才的需求量也将会逐渐增加。

（二）国家对电子商务的政策支持

电子商务作为一种新业态商务，促进了商业模式的创新，促进了社会经济的发展与社会产业的优化升级。鉴于此，国家在相关政策上一直给予支持和引导，旨在促进电子商务技术研发和推广应用，推进电子商务诚信体系建设，营造有利于电子商务创新发展的市场环境，充分发挥电子商务在推动高质量发展、满足人民日益增长的美好生活需要、构建开放型经济方面的重要作用。笔者总结了近几年国家颁布的有关电子商务发展的政策，具体内容如表2–5所示。在相关政策的支持和引导下，我国电子商务能以一种可持续发展的态势维持下去，

① 商务部电子商务和信息化司．中国电子商务报告2019[R]. 北京：商务部电子商务和信息化司，2019.

② 同①。

而这也在一定程度上反映了未来电子商务对人才需求的情况。

表 2-5　近几年有关电子商务发展的国家政策及核心内容

发布时间	政策名称	核心内容
2015 年	《国务院关于大力发展电子商务加快培育经济新动力的意见》	按照党中央、国务院决策部署，坚持依靠改革推动科学发展，主动适应和引领经济发展新常态，着力解决电子商务发展中的深层次矛盾和重大问题，大力推进政策创新、管理创新和服务创新，加快建立开放、规范、诚信、安全的电子商务发展环境，进一步激发电子商务创新动力、创造潜力、创业活力，加速推动经济结构战略性调整，实现经济提质增效升级
2016 年	《电子商务“十三五”发展规划》	全面总结了“十二五”期间电子商务发展取得的成果，分析了“十三五”期间电子商务发展面临的机遇和挑战，明确了电子商务发展的指导思想、基本原则和发展目标，提出了电子商务发展的 5 大主要任务、17 项专项行动和 6 条保障措施
2017 年	《工业电子商务发展三年行动计划》	到 2020 年，工业电子商务应用进一步普及深化，建成一批资源富集、功能多元、服务精细的工业电子商务平台，工业电子商务支撑服务体系不断完善，发展环境进一步优化，线上线下融合水平逐步提升，形成开放、规范、诚信、安全的工业电子商务产业生态
2018 年	《国务院办公厅关于推进电子商务与快递物流协同发展的意见》	强化制度创新，优化协同发展政策法规环境；强化规划引领，完善电子商务快递物流基础设施；强化规范运营，优化电子商务配送通行管理；强化服务创新，提升快递末端服务能力；强化标准化智能化，提高协同运行效率；强化绿色理念，发展绿色生态链
2019 年	《关于加快发展流通促进商业消费的意见》	鼓励运用大数据、云计算、移动互联网等现代信息技术，促进商旅文体等跨界融合，形成更多流通新平台、新业态、新模式。引导电商平台以数据赋能生产企业，促进个性化设计和柔性化生产，培育定制消费、智能消费、信息消费、时尚消费等商业新模式。鼓励发展“互联网 + 旧货”“互联网 + 资源循环”，促进循环消费

续 表

发布时间	政策名称	核心内容
2020 年	《关于做好 2020 年电子商务进农村综合示范工作的通知》	大力发展农村电子商务，促进形成农产品进城和工业品下乡畅通、线上线下融合、涉农商品和服务消费双升级的农产品流通体系和现代农村市场体系，培育一批各具特色、经验可复制推广的示范县
2021 年	《关于推动电子商务企业绿色发展工作的通知》	综合运用规划、标准、资金、投融资等政策导向，推动电子商务企业绿色发展。建立健全绿色电商评价指标，通过示范创建、综合评估等工作，培育一批绿色电商企业，形成一批可复制推广的环保技术应用、快递包装减量化循环化推广新模式。指导电商企业积极参与财政资金支持的绿色技术研发项目，鼓励符合条件的电商企业在开展绿色、可循环快递包装规模化应用中申请绿色信贷

二、我国电子商务人才供需的矛盾分析

（一）我国电子商务人才供需存在的矛盾

1. 电子商务行业快速发展与人才供应不足之间的矛盾

我国电子商务人才供需的首要矛盾（也是主要矛盾）就是电商行业巨大的人才需求与人才供应不足的矛盾。在前文笔者已经提到，电子商务的市场规模在不断扩大，电子商务企业的数量也在不断增加，这必然会产生大量的人才缺口。根据智库网经社电子商务研究中心与国内专业电商人才服务商——赢动教育共同发布的《2019 年度中国电子商务人才状况调查报告》，47% 的企业急需新媒体、内容创作、社群方向人才；44% 的企业急需传统运营人才；35% 的企业急需主播（助理）、网红达人方向人才；32% 的企业急需客服、地推、网销等方向人才；30% 的企业急需专业数据分析与应用人才。① 目前来看，我国人才供应的主要渠道是学校，虽然很多高校开设了电子商务专业，包括很多高职和中职学校也都开设了电子商务专业，但仍旧不能满足电子商务行业对人才的需求。而且从毕业生的就业情况来看，有一部分学生毕业后由于种种原因选

① 网经社电子商务研究中心 .2019 年度中国电子商务人才状况调查报告 [R]. 杭州：网经社电子商务研究中心，2020.

择了从事其他行业的工作，这进一步加剧了电子商务行业快速发展与人才供应不足之间的矛盾。

2. 电子商务行业快速更新与现行教育之间的矛盾

学校是目前电子商务行业人才供给的主要渠道，但由于电子商务行业的快速发展，其与现行的电子商务教育不可避免地出现了一些矛盾。具体而言，这些矛盾主要体现在两个方面。

一是理论与实践的矛盾。众所周知，理论是指导实践的基础，只有具备扎实的理论知识，才能更好地将其应用于实践之中。而在具体的实践应用中，也许会遇到新的问题或者产生新的实践模式，这时以往的理论知识不再适用，需要结合新的实践内容完善理论体系。其实，在社会发展的过程中，这种现象是普遍存在的，当出现新的理论知识后，我们需要更新我们的知识体系，以便适应实践的需求。但由于电子商务行业发展速度非常快，理论体系更新的周期缩短了，一些毕业生在校学习的理论知识有些已经不适用于实践，这不仅影响了电商企业用人的效益，而且影响了毕业生个人的职业发展。

二是电商企业人才要求与教育模式的矛盾。虽然目前电子商务企业对人才的需求缺口较大，但为了保证企业的可持续发展，很多电子商务企业在招聘人才时并不会降低人才招聘的门槛。然而，就当前各院校电子商务专业学生培养的模式来看，虽然很多学校结合电子商务发展的现状积极寻求教学模式的改革和创新，但一些新开设电子商务专业的院校还处在教学改革的探索阶段，短时间内难以实现质的突破。从电子商务学生就业的情况来看，传统教学模式已经不适用于现代电子商务的发展模式，所以各院校只有加速教学模式的改革，才能逐步解决电商企业人才要求与现行教育模式之间的矛盾。

3. 电商企业“招人难”与毕业生“就业难”的矛盾

“招人”与“就业”是一对供需关系，有招人需求就会解决就业问题，理论上说，这两者之间并不会产生矛盾，但实际却是两者之间存在着结构性的矛盾。导致这种矛盾现象的原因是复杂的。从毕业生的角度看，很多学生毕业后都希望得到一份理想的工作，但实际情况却与理想相去甚远，这就导致很多学生“高不成、低不就”，所以所谓的“就业难”并不是毕业生找不到工作，而是因为找不到一份理想的工作而不去就业。从电子商务企业的角度看，电子商务企业的岗位具有明显的层级性，即有些层级的岗位工作比较简单，对求职者的要求较低，但相应的工资也低，这些岗位对毕业生吸引力非常低；而有些层级的岗位工作较难，对求职者的要求也较高，自然工资待遇也相对较高，但能满足岗位要求的毕业生又在少数。上述因素导致了电商企业“招人难”与毕业生“就业难”的结构性矛盾，这也是我国当前电子商务人才供需矛盾中的一个严峻的问题。

（二）我国电子商务人才供需存在矛盾的原因

1. 电子商务人才培养体系不完善

面对电子商务这一巨大市场，电子商务人才培养已逐渐成为教育行业中的一个重要方向，但目前电子商务人才培养体系依旧不是十分完善，这是导致我国电子商务人才供需出现矛盾的一个重要原因。首先，师资结构失衡。从事电子商务教学的教师结构应该是“理论课教师＋实践课教师”“专职教师＋兼职教师（电商行业一线人员）”。但是，目前在学校任职的教师大多是从高校毕业的学生，无论是本科学历、硕士学历还是博士学历，他们都接受过系统的教育，具有较高的理论素养，但很多教师没有电子商务实战的经验，不免会影响实践教学的效果。其次，课程设置不合理。在课程设置上，很多学校的课程设置具有一定的随意性，没有考虑到电子商务发展的现状。另外，课程框架也只是各门课程的简单叠加，缺乏有机结合的系统性。最后，培养目标不明确。在电子商务人才培养目标的设置上，很多学校提出的目标相对宽泛，没有具体到学生应该具备哪些能力，导致教学失去了一定的针对性，这也是笔者在上文解读电子商务人才职业能力结构，并明确能力评测标准的原因之一。

2. 电子商务企业人力资源管理机制不健全

相对于其他行业，电子商务发展的时间较短，这就不可避免地存在人力资源管理机制不健全的问题。人力资源管理是在经济学与人本思想指导下，通过招聘、甄选、培训、报酬等管理形式对组织内外相关人力资源进行有效运用，满足组织当前及未来发展的需要，保证组织目标实现与成员发展的最大化的一系列活动的总称。对于包括电子商务企业在内的任何一家企业而言，人力资源管理是解决企业人才需求的重要手段，但由于当前电子商务人力资源管理机制普遍存在一些问题，因此，我国电子商务人才供需中出现了一些矛盾。比如，缺乏有效的工作分析。工作分析指获取与工作有关的详细信息的过程。通过工作分析，企业可以明晰某岗位的工作性质与任务，包括明确哪种类型的人才能胜任该岗位，从而做到人尽其才。但目前很多电子商务企业都缺乏有效的工作分析，这不可避免地增加了人才招聘的盲目性。此外，因为缺乏有效的工作分析，所以电子商务企业在发布岗位招聘信息时，其岗位职责描述自然存在一定的模糊性，这种模糊性影响了求职者对岗位的判断，进而影响企业人才招聘的效率。

3. 电子商务人力资源市场信息不对称

人力资源市场的作用类似于桥梁，将企业与求职者连接到一起，实现人力资源的合理配置，实现人力资源的供需平衡。在现代信息化社会，人力资源市场相应地转移到互联网上，虽然线下招聘会时有举办，但仍旧以线上招聘为主。目前来看，电子商务企业招聘信息一般发布在各大招聘网站或者自己的官方网站上，而求职者一般也会选择这两个渠道去寻找与自身相匹配的岗位。其实，互联网的出现在一定程度上打破了信息不对称的问题，很多信息不再掌握在少数人手中，而是通过公开性的互联网传播给大众。但由于互联网上信息量非常大，我们很难从海量的信息中精准地找到我们想要的信息，虽然检索功能的出现将海量的信息进行了初步的筛选，但筛选后的信息量仍旧巨大，所以目前仍旧存在信息不对称的问题。就人力资源市场信息来看，人力资源信息平台不完善，导致这种信息不对称更为明显，不能为求职者提供全面的信息服务。不难想象，当企业招聘信息不能传递给求职者，求职者又不能筛选到更多有效的招聘信息时，自然会进一步加剧电子商务企业“招人难”与毕业生“就业难”的结构性矛盾。

第三节　电子商务人才培养的目标与原则

一、电子商务人才培养的目标

（一）政府对电子商务人才培养目标的确立

人才培养目标是指教育目的在各类学校的具体化。它是由特定社会领域和特定社会层次的需要所决定的，也随着受教育对象所处的学校类型、级别而变化。在社会发展的过程中，社会对人才产生了需求，而学校教育无疑是满足各行各业、各个社会层次人才需求的主要场所。为了培养合格的人才，完成人才培育的任务，政府作为教育行业的指导者，自然要针对社会人才需求情况以及学校发展情况制定人才培养的目标，以此指导学校教育。

以笔者所在的山东省为例，针对中等职业学校电子商务专业，山东省教育厅出版了《山东省中等职业学校电子商务专业教学指导方案》（以下简称《方案》），《方案》旨在指导山东省中等职业学校电子商务专业的教学工作。《方案》在“课程教学目标”一栏中指出了中等职业学校电子商务教学的总体目标，即通过对电子商务相关基础知识的学习，了解电子商务的概念和电子商务的主要内容，学会如何做电子商务，激发学生学好电子商务专业，立志将来从事电子商务工作的热情。同时，将网上开店、网上创业等知识融入教学内容，并根据行业发展趋势不断进行补充与完善，形成动态更新，以加强对学生可持续发展能力的培养，以学生职业生涯发展为目标，加强对学生职业能力的培养，为将来从事电子商务工作奠定良好的基础。

此外，在“课程教学目标”一栏中进一步指出了职业能力目标。

（1）掌握电子商务的业务流程与主要环节，以及电子商务支付、电子商务物流、电子商务相关法律法规等基础知识。

（2）熟练使用互联网，并会使用网上银行、第三方支付工具等电子支付工具。

（3）能运用目前流行的各种平台在网上开店并进行网点管理运营。

（4）能熟练使用博客、论坛、即时聊天工具、搜索引擎等开展网络营销。

（5）具有较高的信息技术素质，对网络环境能敏锐体察，善于整合资源。

（6）具备团队合作精神和开拓创新与创业意识。

政府在《方案》中确立的中等职业学校人才培养目标对各校确定自身人才培养的目标具有非常积极的指导意义，并且《方案》针对具体的课程进一步细化了课程教学目标以及专业能力目标，这些也都可以作为各个学校的参考。

（二）学校对电子商务人才培养目标的确立

在政府确立的人才培养目标的基础上，各校结合市场发展现状以及学校自身发展情况，制订更为详细的人才培养目标。笔者以中等职业学校为例，总结了一份具有普适性的电子商务人才培养目标，具体内容如下。

1. 电子商务人才培养的总体目标

通过开展电子商务教学，培养学生进入电子商务相关行业所必需的专业技能及知识素养，使学生掌握以电子交易平台和电子数据交换为基础的电子商务原理与实务，具有网络营销及其他电子商务活动的策划与管理能力，能进行电子商务交易、电子商务平台运营与维护、互联网领域市场分析与营销策划、网页制作、网站管理等相关工作，最终成为电子商务中职层次的高素质技能型人才。

2. 电子商务人才培养的知识结构目标

中等职业学校电子商务人才培养的知识结构目标包含以下内容。

（1）了解电子商务行业守则及知识产权、《中华人民共和国劳动法》等知识。

（2）了解电子商务应用方案，理解流通领域中互联网在商流、物流、信息流、资金流各环节的应用。

（3）具备基本的经济学及管理学知识，掌握经济学原理、战略管理、人力资源管理等知识。

（4）掌握计算机应用及网络基础知识，掌握计算机硬件、操作系统知识，熟练操作常用软件，能较好地运用计算机网络技术。

（5）掌握互联网浏览器使用方法及互联网应用的基本知识。

（6）掌握市场营销的基本原理，理解网络营销与传统营销的关系，能在互联网环境下熟练使用网络营销工具进行有效的网络营销活动。

（7）掌握常用的网络信息调研方法，能利用互联网及其他网络检索、整理、储存有用的信息。

（8）掌握生产与流通环节的物流基本知识，了解物流管理的基本要素及物流信息技术，能处理相关的物流操作，并在电子商务配送过程中对相关知识加以应用。

（9）了解进出口业务各环节和交易程序，熟悉与国际贸易业务相关的商检、报关、海运、保险、结算、索赔、仲裁等程序和处理技术。

（10）了解电子交易中相关支付环节与网络金融工具，熟悉常用的电子支付工具，熟悉基本的电子支付流程。

（11）了解电子交易中有关安全事项、应注意的问题与常见安全隐患的防范措施，理解电子合同、数字证书等工具的操作使用。

（12）掌握基本的数据库应用、多媒体技术、互联网程序设计，并将这些技术熟练应用于网站建设与电子商务应用中。

（13）掌握基本的美工、动画、广告设计知识，能将这些知识应用于网页设计过程中。

（14）通过国家职业技能鉴定，获得电子商务中级技术证书，并较好地掌握电子商务专业英语。

（15）掌握一定的英语和计算机应用知识，通过高等学校英语应用能力考试和全国计算机应用水平考试并获得相应等级证书。

3. 电子商务人才培养的基本素质目标

中等职业学校电子商务人才培养的基本素养目标包含以下内容。

（1）思想政治素养：中职阶段的学生大多处于 15 ～ 18 岁，中职阶段是培养思想政治素养的关键时期，因为该阶段的学生比较叛逆，并且追求个性化，如果不能加以正确的引导，容易引起该阶段学生价值观的不健康发展，从而影响其今后的成长。因此，在中职阶段的电子商务教育中，应该关注学生的思想政治教育，培养学生的思想政治素养，使学生形成正确的政治认识，并建立正确的世界观、人生观和价值观。

（2）身心素养：身心素养包括身体素质和心理素养两个方面。身体素质是学生学习的基础，只有具备一个健康的身体，学生才能投入更多的精力到学习中。此外，中职阶段的学生还处在身体发育的阶段，只有保持适度的身体素质训练，才能保证学生身体的健康发展。因此，在中职阶段的电子商务教育中，应该增强学生参与体育锻炼的积极性与自主性，促进他们身体素质的提升。心理素养对中职阶段的学生同样重要，因为该阶段学生正处在青春期，很容易诱发多种心理问题。如果忽视了学生的心理教育，当学生出现心理问题而不能排解时，就很容易产生一系列问题。因此，除了对学生进行身体素质教育之外，还应加强对学生的心理素质教育，提高学生的心理素质，使学生具备较强的意志品质，并形成健康的个性与健全的人格。

（3）人文素养：人文素养指人的文化素质与修养，是社会个体在以“人”为中心的各种文化方面所表现出的素质与修养，即其在所拥有的文化基础上形成的先进的价值观及规范。[①] 对于中职阶段的学生来说，相较于其他素养，人文素养似乎不是那么重要，但其实从学生的长远发展来看，人文素养是支撑其发展的一个重要条件。从浅显的层面看，人文素养影响着学生的语言能力，而良好的语言能力是学生沟通与写作的基础，这在现代社会是不可或缺的能力。如果进一步剖析人文素养，学生的人文素养越高，其越能辨别社会和自我、他人和自我、物质和自我的关系，做到自我精神和认识的独立，从而不至于在五彩缤纷的物质世界中迷失自我。因此，在中职阶段的电子商务教育中，要注重学生人文素养教育，使学生既具备理性的电子商务知识，又具备感性的人文情怀，进而成为一个“完整的人”。

（4）职业素养：职业素质是从业者在一定生理和心理条件基础上，通过教育培训、职业实践、自我修炼等途径形成和发展起来的，是在职业活动中起决定性作用的、内在的、相对稳定的基本品质。职业素养包括团结协作精神、敬业精神、创新精神、责任意识以及遵守行业规范的工作意识和行为意识等。

① 王振鹏，刘凤彪．河北省职业教育发展研究报告 [M]. 保定：河北大学出版社，2018：254.

就个体的职业发展而言，很多企业在对人才进行考量时，常常将职业素养排在第一位，由此可见职业素养的重要性。虽然职业素养更多是通过个体的职业实践以及自我修炼得到提升的，但只要在教育中对学生进行积极的引导，就能够为学生职业素养的形成奠定一个良好的基础，从而使学生加强自我修炼，并在参与工作后更快地形成良好的职业素养。

二、电子商务人才培养的原则

（一）电子商务人才培养的一般性原则

1. 循序渐进的原则

“十年树木，百年树人”，人才培养不可能一蹴而就，这是一个比较漫长的过程，要循序渐进，切忌操之过急，否则后果只能是“揠苗助长”。古今中外，但凡成才者，必然是脚踏实地、在专业领域潜心钻研之人，也必然是经历过长期磨炼的人。的确，人才培养的过程是一个完整的链条，既需要学校教育的滋养，也需要社会上的实践与历练。从这一角度来看，学校教育只是个体成长的一个阶段，并且该阶段应该培养的能力也要符合个体发展的特点。有些学校看到了电子商务行业对人才需求的巨大缺口，为了提升学校口碑，制定了不合理的人才培养计划，忽视了学生现阶段发展的规律，导致学生对知识理解困难，反而影响了学生的能力。因此，在电子商务人才培养的过程中，学校一定要坚持循序渐进的原则，依托切合实际的人才培养规划，一步一个脚印地促进学生成长和发展。

2. 理论与实践结合的原则

我国宋代诗人陆游在《冬夜读书示子聿》一首诗中写道：“纸上得来终觉浅，绝知此事要躬行。”这是他对知识获取的看法和见解，即从书本上得到的知识是肤浅的，要想透彻地理解知识、认识事物，还需要亲自进行实践。电子商务人才的培养也是如此。电子商务是门实践性较强的专业，理论知识是指导实践的基础，所以理论教学不可或缺，这一点毋庸置疑。如果忽视了实践性，只注重理论知识的教学，是无助于学生对知识的掌握和理解的，也无助于学生实践操作能力的提升。因此，在电子商务人才培养中，学校要秉承理论联系实践的原则，用理论教学奠定学生知识基础，用实践教学深化学生知识认知并提升学生的实操能力，从而将学生培养成一个理论知识与实践能力兼具的合格人才。

3. 以学生为主体的原则

以学生为主体的原则就是要树立“以学生为中心”的教育理念，在整个教学过程中贯彻“以人为本”的科学发展观。由“建构主义学习理论”可知，知识学习的过程是基于原有知识经验建构理解的过程。整个过程强调学生学习的主动性，而不是依靠教师的灌输。所有教学活动的展开要始终以学生为主体。电子商务人才培养的目的在于培养既掌握一定的理论知识，又能够将知识应用到实践操作中的人才。而传统以教师为主体的灌输式的教学方式显然不能满足这一要求，所以要充分发挥学生的积极性，让学生主动参与到对知识的探究中，从而建构属于自己的知识体系。另外，由于学生之间存在兴趣、性格、能力等方面的差异，所以教师还需要尊重学生的差异性，因材施教，这样才能真正体现以学生为主体的原则。

4. 可持续发展的原则

社会是在不断向前发展的，尤其是在这个知识爆炸的时代，社会发展的速度非常快，这也促进了知识更迭的速度。对于每个人来说，要想跟上社会时代发展的潮流，就必然要树立终身学习的理念，实现自身的可持续发展。电子商务人才的培养也是如此，教育工作者不能仅仅聚焦在学生对当前知识的学习和理解上，要有长远发展的眼光，秉承可持续发展的原则，培养学生终身学习的理念，让学生即便走出校园后，也依然能够保持一种学习的状态，不断学习，不断提升自我，实现自身的可持续发展。

（二）电子商务人才培养的专用性原则

1. 以综合素质为基础，提高学生职业能力

现代教育是“全人”的教育，强调学生德、智、体、美、劳的全面发展，而不是仅仅让学生掌握学科知识，掌握一门技能。对于职业学校来说，使学生掌握一门技能是主要的目的，旨在让学生毕业后能够依靠一技之长在社会上立足，但掌握技能绝不是全部的目的。的确，一个合格的人才不仅要具备专业的职业能力，还应该具备支撑其职业发展的其他素养，如上文提到的思想政治素养、人文素养、身心素养等。因此，电子商务人才的培养要以综合素养为基础，以职业能力为重心，使学生成长为综合性的适应社会发展需求的电子商务人才。

2. 以市场因素为指导，明确人才培养定位

市场与人才是一对供需关系，只有市场有需要，人才才有用武之地，人才的培养也才更有意义。从前文对电子商务市场分析的内容来看，目前电子商务市场对人才的需求较大，这表明电子商务人才的培养具有较为广阔的市场。虽然从宏观上看电子商务市场整体的需求很大，但如果我们对市场进一步细化就会发现市场对人才的需求也有侧重。从《2019 年度中国电子商务人才状况调

查报告》可知，目前电商企业对新媒体、社群、内容创作方向所需人才占比最高，占调查企业的47%；传统运营人才位居第二，占调查企业的44%；客服、网销等方向的人才占调查企业的32%；专业数据分析与应用人才占调查企业的30%。这些市场因素在一定程度上反映了电子商务发展的现状，通过全面、系统地分析当前的电子商务市场，学校可以进一步明确自身的人才培养定位，然后结合学校办学情况修改和完善课程体系，培养各行业和各企业发展需要的、能胜任相关职业岗位群工作的、技能型和应用型的电子商务初级专门人才。

3. 适应行业技术发展，体现教学内容的先进性

目前电子商务行业发展的速度非常快，为了适应电子商务行业这种快速发展的态势，电子商务专业要时刻且广泛关注本行业的新知识、新技术，了解电子商务可能的发展方向，并通过校企合作的方式，进一步明确学校在课程建设上存在的问题，从而及时更新课程设置与课程内容，避免教学出现内容陈旧、不能适应行业发展等情况。因此，学校在遵守“适应市场”原则的基础上，还应该同时坚持“超前市场”的原则，体现教学内容的先进性，使学生在掌握知识与技能的同时，还能够形成对电子商务市场的系统认知，从而使学生适应时代发展的需要。

第三章 电子商务人才培养总体实施策略

第一节 制定人才培养方案

一、人才培养方案制定的基础

（一）人才培养方案的概念

作为人才培养的重要场所，学校的职责之一就是输送社会发展所需要的人才。所以，每一个教育工作者都需要时刻思考“培养什么样的人才”与“怎样培养人才”这两个问题。在学校人才培养的总体规划与策略中，人才培养方案是基础和前提，这是学校人才培养的总体设计，是学校组织教学活动、协调教学关系、实现教学目标的重要依据。人才培养方案不是简单的教学计划，而是众多教育工作者站在学校发展以及人才发展的宏观视角上，以人才培养为目的制定的工作蓝图。因此，各校一定要结合自身实际情况，制定适宜的人才培养方案，以此进一步深化教学改革，指导学校教学活动的展开，从而不断提高人才培养质量。

（二）人才培养方案制定的原则

1. 坚持技能与综合素养相结合的原则

中等职业学校电子商务专业人才培养的一个目的就是要让学生掌握从事电子商务行业的技能，这是中等职业学习与普通高中教育不同的地方。当然，现代教育强调的是人的全面发展，技能只是学生进入某个行业的“敲门砖”，综合素养才是决定学生能否在行业中实现长远发展的根本。尤其是在企业愈加重视人才的今天，综合素养显得更加重要。因此，中职学校除了要重视学生电子商务技能的培养之外，还需要重视学生综合素养的提升，使学生实现“全人”的发展。

2. 坚持实事求是的原则

实事求是指从实际对象出发，探求事物的内部联系及其发展的规律性，认识事物的本质，也指按照事物的实际情况做事。电子商务人才培养方案的制定就是要充分考虑实际情况，制定科学、合理的方案。首先，学校要充分考虑自身建设情况，包括教学基础设施建设、教师队伍建设等，制定与之相匹配的人才培养方案，而不是好高骛远。其次，学校要充分考虑电子商务行业的发展情况，这是保证学校所培养的人才能够满足电商企业要求的一个前提。如果学校不考虑行业发展情况而盲目制定方案，势必会影响学生毕业后的就业率，进而影响学校的教学质量和口碑。最后，学校要充分考虑学生的生源特点以及身心年龄特点，中职阶段的学生正处在青春期阶段，心理发展还不成熟。学校在制定方案的过程中要将该阶段学生的身心发展特点，尤其是心理发展特点考虑在内。总之，作为学校人才培养的一个宏观蓝图，人才培养方案的制定不能脱离实际，要实事求是，并脚踏实地一步一个脚印地落实，这个蓝图才可以实现从纸面到现实的飞跃。

3. 与人才的可持续发展相结合的原则

在对电子商务人才培养原则进行论述时，笔者也提出了可持续发展的原则。因为社会是在不断向前发展的，尤其是在这个知识爆炸的时代，社会发展的速度非常快，这也促进了知识更迭速度的加快。对于每个人来说，要想跟上社会时代发展的潮流，就必然要树立终身学习的理念，实现自身的可持续发展。其实，电子商务人才培养方案本身就是一个人才培养的蓝图，是站在三年教学的时间长度上，不局限于一时一课。但就一个人终身的发展来看，三年也只是其中的一个阶段，如果学校能够站在三年教学规划的基础上，将终身学习以及可持续发展的理念融入人才培养方案中，对学生的成长和长远发展无疑具有更加积极的意义。

（三）人才培养方案制定前的准备

为了使电子商务人才培养方案的制定更加科学和合理，学校在制定具体的方案之前需要做一些准备，具体而言，包括人才需求调研与分析、确定专业培养的目标两点。

1. 进行电子商务行业人才需求的调研与分析

为了使人才培养方案的制定能够与电子商务行业的市场情况相吻合，学校在制定方案之前需要对市场的人才需求情况进行调研。调研开始前需要先确定调研的范围，包括国内电子商务企业（尤其是重点关注本省或本市地域范围内的企业）、电子商务平台运营商、电子商务毕业生从事的岗位。然后针对调查范围制定调查问卷，问卷的发放以走访和邮件相结合的方式。对于当地的企业，可以采取走访的形式，方便研究人员结合问卷进行访谈，得到更加全面的数据；其他地区的企业则可以通过电话、网络等方式进行沟通，并通过邮件的方式发放电子版的调查问卷。最后，针对回收的调查问卷进行系统的分析，全面了解电子商务行业当前的市场情况，并将这些情况与学校的实际（包括学校规模、师资力量、教学设施、课程设置等）相结合，作为电子商务人才培养方案制定的一个依据。

2. 确定专业培养的目标

电子商务人才培养方案是学校人才培养的一个蓝图，涵盖人才培养的全过程，所以具有过程性的特征，而这个过程最终指向的是一个目标，即培养合格的人才。这就需要有一个具体的目标，作为人才培养是否合格的一个标准。因此，在制定人才培养方案之前，学校需要确定电子商务专业人才培养的目标，关于这一点，笔者在第二章第三节已经做了论述，在此不再赘述。

二、人才培养方案制定的要点

（一）人才培养方案主线的确定

确定人才培养方案的主线是科学、合理制定人才培养方案的第一步，因为只有确定了主线，才能填充“枝叶”，人才培养方案“这棵大树”才能直立且茂盛地生长。选择什么样的主线通常会产生什么样的人才培养结果，这在职业教育的发展历史中已经有了充分的证明。职业教育与普通教育是教育发展的两条路径，世界上很多国家的教育都是职业教育与普通教育并行，以满足社会发展对不同人才的需求。在职业教育产生早期，其定位与普通教育存在明显的不同。职业教育的目的在于培养技能型人才，以此来满足个人的就业需求以及企业工作岗位的客观需求，进而推动社会生产力的发展。

其实，职业教育的出现及其角色定位与时代发展有着很大的关联性，因为在工业化程度较低的社会背景下，社会发展需要不同类型、不同层次的人才，所以职业教育的人才培养主线是“技能本位”，即强调专业的“专、尖、深”，而随着社会的不断发展，社会对人才的需求不再是单一的以知识为主，也不再是单一的以技能为主，而是呈现出多元化的需求态势，即在对知识或技能水平的要求基础上对素养的要求也相应地提高了。21 世纪以来，人类进入知识爆炸的“大科学”与“大综合”的时代，社会对人才的需求已经发生了根本性的改变，越来越多的企业要求人才具有较广的知识面，具有相应的技能和具备较高的综合素质。

基于这种人才需求的社会背景，职业教育如果继续沿袭过往那种单一的以“技能”为主线构建人才培养方案的思路，无疑是与社会的需求脱节，其最终培养的人才将难以适应社会的发展，也不能满足社会发展的需求。因此，学校在制定中职电子商务人才培养方案时，要从以往那种以“技能为主”的主线设计中转变到“技能与素质并重”的“两位一体”的主线设计中来，即将“培养技能与素养为一体”作为中职电子商务人才培养方案的主线。

（二）人才培养方案结构模式的选择

人才培养方案的结构模式从某种意义上来说是指专业教学计划的结构模式，即学校按照怎样的横向关系与纵向关系进行教学课程的排列，这是制定人才培养方案的重要问题。目前，职业教育的人才培养方案结构模式主要有“楼层式”“平台式”“一体化”三种。“楼层式”即“基础课—技术基础课—专业课—专业方向课”的结构模式；“平台式”即“公共基础平台—专业大类基础平台—专业课程平台”的结构模式；“一体化”即“融合知识传授、职业能力培养与素质提高为一体”的结构模式。

上述三种模式中，“一体化”的结构模式是目前较为普遍的一种，也是效果比较突出的一种。与前两种模式相比，该模式具有诸多优点：其一，具有系统综合的知识结构——“平台—模块式结构”。其中的平台是公共基础课平台、学科基础课平台，是按照组成学科专业建立的大基础教育两级平台；模块是专业知识体系的内容分解，并按其结构与功能组合成各种课程群。这种设置体现了“拓宽基础面，夯实基础层”原则。其二，理论联系实际。每一个课程模块大都有与之相应的实践教学环节，包括实验、见习、实习、课程设计。而实践教学环节贯穿整个培养过程，直至毕业实习。其三，普通教育平台。设置人文社会科学基础与自然科学基础模块。加强思想政治素质、科学文化素质与身体心理素质的教育与培养，特别是在实践教学中更要重视专业素质、职业道德的教育与培养。综上所述，学校可选择具有诸多优点的“一体化”的人才培养方案结构模式。

（三）人才培养方案技术路线的选择

学校在确定电子商务人才培养方案的主线以及选择适宜的结构模式之后，

下一环节便是选择适当的技术路线。技术路线的选择应该以专业培养目标为基点，遵循一定的原则，具体如图 3-1 所示。

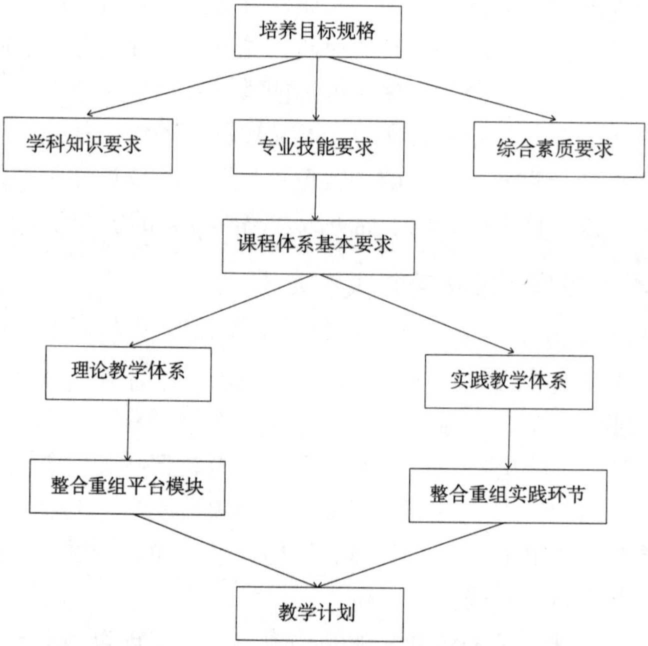

图 3-1　人才培养方案的技术路线图

第二节　开发电子商务课程资源

一、制订课程资源开发计划

开发电子商务课程资源对教学来说是必不可少的，这有助于扩大学生的知识领域，使学生吸纳知识的途径从一元变成多元。但电子商务课程资源的开发不能是盲目的，也不能仅仅关注当前或者本校的教学，应该有一个宏观的计划，这就需要在确定课程资源开发内容之前优先制订课程资源开发计划。一般而言，电子商务课程资源开发的计划可分为三个阶段：第一阶段为课程资源库的建设阶段；第二阶段为课程资源库的应用推广阶段；第三阶段为课程资源库的持续更新阶段。

（一）课程资源库的建设阶段

第一阶段主要对课程资源库进行建设，建设的内容主要包括：教学资源库框架的构建，这是资源库建设的基础；课程教学资源、素材教学资源的开发制作，这是资源库建设的核心，是教育教学活动中需要用到的主要资源；资源库网络平台的搭建，该平台的建设方便教师更快地从资源库中搜集自己教学所需要的资源，同时可以开放学生端口，方便学生借助平台进行自主学习。

（二）课程资源库的应用推广阶段

课程资源库在建设完成之后，便可以逐步进行应用和推广。应用和推广可以从以下两个角度展开。

1. 从应用推广的对象角度

课程资源库的第一应用对象是一线教师及其他教育工作者，借此提升教师的教学水平以及学校的教育质量；然后，可以将资源库应用的对象范围扩大到电子商务企业以及电子商务培训机构，以丰富电子商务企业以及电子商务培训机构的培训资源，使更多电子商务的学习者能够享受到更加高效、丰富的电子商务课程资源。

2. 从应用推广的范围角度

课程资源库的应用范围首先限定在本校范围内，这既是应用阶段，也是验证阶段，更是完善阶段。当课程资源库在本校的应用取得明显的效果，并获得逐渐完善之后，便可以将其应用的范围进行推广扩大，推广的范围依次从市到省，最终到全国，从而扩大该资源库的受益面。

（三）课程资源库的持续更新阶段

课程资源库的建设并不是一旦建成就可以一劳永逸，而是一个持续的过程，是一个一边建设一边应用，一边充实一边完善的过程。尤其对于电子商务专业的课程资源库来说，电子商务行业的快速发展促进了知识更迭速度的加快，如果课程资源库不随着电子商务行业的发展进行持续的更新，其资源内容将会因为陈旧和落伍而满足不了教学的需求，最终影响教学质量。因此，学校要秉承边用边建的原则，对课程资源库进行持续的更新。一般情况下，课程资源库每年更新的比例不能低于10%。在具体内容的更新上，学校可以通过校企合作以及市场化运作，分析资源内容更新的方向，进而更好地维持资源库良好的、可持续的运行。

二、确定课程资源开发的内容

对于中职阶段的电子商务专业而言，其课程资源开发的内容主要包括专业教学资源和拓展功能模块两个方面。

（一）专业教学资源

1. 专业教学资源开发前的调研

学校从电子商务专业人才培养的目标定位出发，设计相关的调研方案，然后进行全国范围的调研，分析并了解全国不同地区、不同行业对电子商务人才需求的情况。同时，了解电子商务专业毕业生就业的现状，最后以此作为专业教学资源开发的一个参考依据。

2. 课程教学资源的开发

学校基于实际情况，考虑教学实施的需求，以各年级各单元的内容为核心，形成与学习单元相匹配的教学资源。具体来说，课程教学资源的研制包含以下内容。

（1）课程标准：课程标准是规定某一学科的课程性质、课程目标、内容目标、实施建议的教学指导性文件。课程标准与教学大纲相比，在课程的基本理念、课程目标、课程实施建议等几部分阐述得更详细、明确，特别是提出了面向全体学生的学习基本要求。每一门学科都有与之相对应的课程标准，学校应该在遵守教育部制定的课程标准的基础上，制定更具针对性的课程标准，为后续课程资源建设以及教学的实施提供基本的框架标准。

（2）教学设计：教学设计是根据课程标准的要求和教学对象的特点，将教学诸要素进行有序安排，确定合适的教学方案和计划，一般包括教学目标、教学重难点、教学方法、教学步骤与时间分配等环节。

（3）教学课件 ：教学课件是以课程内容为基础开发的与之配套的教学资源，它能够帮助学生更好地融入课堂氛围，也能够帮助学生更好地理解知识，从而帮助教师更好地开展教学工作。用电脑、投影仪或者电子白板等视频工具，放映与本课相关的教学资料，如图片、文字、音频、视频等都属于教学课件。

（4)教学录像 ：与教材内容相配套的教学录像方便学习者随时进行观看，可以使学生有效地完成自主学习的任务。教学录像既包括某一单元知识内容的完整录像，也包括某一知识点的短视频录像，这种短视频录像又被称为微课。微课如果用于课堂教学，其实也可以将其归属为教学课件的范畴。

（5）演示录像：相比于教师单纯的口述，有些教学内容通过教学录像进行演示可以起到很好的效果，因为演示录像更加直观，而且方便学生反复观摩。从某种层面上来说，演示录像也可以归属为教学课件的范畴。

（6）学习任务工单：以各年级各单元的学习内容为单元，针对学生的自主学习开发学习任务工单，引导学生自主学习，培养学生自主学习的主动性与积极性，从而在提高学生学习效率的同时，提高学生的自主学习能力。

（7）测试习题：同样是以各年级各单元的学习内容为单元，开发与之对应的测试习题。虽然目前市场上针对电子商务不同阶段的教学都有与之相对的测试习题，但这些习题为了更广泛的推广，一般将重点放在普适性上，缺乏一定的针对性，所以还需要学校针对自身的教学计划以及教学资源开发更具针对性的测试习题。

（8）电子商务企业案例：中职电子商务的教学不能局限在教材内。为了使学生更好地理解知识，也为了提升学生对知识的应用能力，同样要以各年级各单元的学习内容为单元，开发与教学内容相匹配的电子商务企业案例。

（二）拓展功能模块

拓展功能模块是职业资格认证推进“双证书”（职业资格证书与毕业证）制度的核心要素，是职业资格培训和技能培养的关键环节；校企合作是职业院校谋求自身发展、实现与市场接轨、大力提高育人质量、有针对性地为企业培养一线实用型技术人才的重要举措；就业是学生、企业和学校三方关注的焦点，是职业教育与培训的落脚点。因此，学校在网络平台嵌入职业资格认证、校企合作服务和就业信息服务三个功能模块，可以丰富资源库网络平台功能，为学生、教师、企业员工和社会学习人员提供信息支持。拓展功能模块包括职业资格认证模块、校企合作服务模块、就业信息服务模块三个方面。

1. 职业资格认证模块

针对电子商务专业，国家提出了职业资格认证标准，根据不同的职业等级有不同的标准。目前，我国电子商务等级有四级：电子商务员（国家职业资格四级）、助理电子商务师（国家职业资格三级）、电子商务师（国家职业资格二级）、高级电子商务师（国家职业资格一级）。其中，电子商务员（国家职业资格四级）与中职毕业生的要求相近，所以学校可以将电子商务员的认证标准（该标准笔者在第二章第一节已具体列出，可参考表 2–3）与毕业生的职业能力相结合，提供满足电子商务该标准的教学资源，促进“双证书”制的实现。进一步来说，职业资格认证模块的开发包括职业资格认证体系、样题库、考务指南等内容。

2. 校企合作服务模块

校企合作在中职电子商务教学中发挥着重要的作用，校企合作服务模块的建设有助于提升校企合作的效果。具体来说，该模块的建设可以集中展示电子商务技术应用专业领域的国内外著名企业及其技术标准、工作案例、技术培训教学资源等，满足企业品牌宣传、客户培训、员工终身学习、高技能人才引进等多方面的需求。

3. 就业信息服务模块

就业是学校人才培养的最后环节，也是学校人才培养的一个重要目标。在该模块中，学校发布一些与就业有关的内容，如就业政策、职业规划、就业指导等，帮助学生进一步加强对就业的了解。另外，该模块还可以充当连接学生与企业的一个桥梁，即企业可以通过学校发布其岗位需求信息，学生通过浏览企业发布的岗位信息选择自己喜欢或适合自己的企业岗位并投递简历。总之，建设就业信息服务模块可以为学生提供就业相关的咨询与服务，帮助学生更好地实现从毕业到就业的过渡，避免出现“毕业即失业”的情况。

第三节　改革创新教学模式

一、教学模式创新之双元制教学模式

（一）双元制教学模式

为适应新的经济发展形势和社会建设需要，坚持立德树人、加速培养优秀的电子商务专业人才就变得十分重要。传统的“学徒制”是一种在实际生产过程中以言传身教为主要形式的技术技能传授方式，但因它不适应大规模现代化生产而逐渐被淘汰，而现代的职业教育又无法培养出熟练的技术技能型人才。于是，在吸收传统“学徒制”优点的基础上，把现代教育的模式融于其中，便产生了“双元制”新型学徒这种培养人才的模式。从本质上讲，双元制强调

“做中学、做中教”，通过“工学交替、双导师育人”，校企联合招生招工，教师与师傅联合传授知识技能等方面的实践，探索适应学生、学校、企业需要的人才培养模式。双元制教学模式的运用能够有效缓解新常态下电子商务行业企业人才缺乏的压力，全面提升学生的职业素养和技术技能，推进职业教育体制机制创新，促进招生制度、管理制度、人才培养模式、教学模式和评价制度改革，实现学校、企业和学生三方共赢。

山东省当前正处于新旧动能转换、生产转型升级的关键阶段，为贯彻落实《国务院办公厅关于深化产教融合的若干意见》《国家职业教育改革实施方案》《教育部 山东省人民政府关于整省推进提质培优建设职业教育创新发展高地的意见》，各职业学校应积极寻求教学模式的改革，将双元制模式引入电子商务专业教学中，这样可以有效地解决职业学校生源和就业的问题。在双元制的教学模式中，“招生即招工、招工即招生”，学生走进来既是学生又是企业准员工，企业给学生提供创业资金、创业技术、创业空间，扶持学生进行电商创业。学生入校后，从第一学期开始，企业逐步安排学生完成公司注册，大胆扶持学生自主创业。做到“真学本领、学真本领”，切实解决学生的兴趣、就业、创业等问题。

（二）双元制教学模式实施的策略

1. 校企招生招工一体化

校企共同研究招生与招工方案，共同参与招生宣传，共同组织考核录取。每年开始招生时，学校审核学生中考成绩和初中毕业证，企业管理人员对入围学生进行面试，实现招生招工一体化，完成双元制电子商务专业招生名额，组建两个试点班级。与此同时，完善学校招生录取和企业用工一体化的制度，规范学校招生录取和企业用工程序，明确学生和学徒的双重身份。学校、企业、学徒及监护人共同签订三方协议，确定学徒岗位、教学内容和就业方向，落实学徒人身意外伤害及工伤保险、学生实习责任险。建立严格的岗前培训和准入制度，改革评价模式，切实提高学生的职业素养及就业创业能力。

2. 以创业带动就业的教学实践

企业帮助每一位学生在校期间注册成立自己的电商店铺。在创业过程中产生的平台注册、电商平台押金、店铺运营等费用，全部由企业承担，实现学生创业零投资、零风险起步。同时，在综合实训（电商运营）中，企业提供电商平台和资深专业员工，资深专业员工作为兼职教师实施教学，并由校内专职教师配合，实际运营企业平台，课程考核直接依照平台运营情况（平台经营收入情况、平台浏览情况、平台服务情况）和学生工作情况作为考核重点。当学生在校期间学会所有的创业技能，顺利毕业之后，其所在公司的收益权将全部移交给学生本人。这种方式真正做到零投资、零风险，无缝对接社会创业，真正形成政府、学校、学生、企业四方共同受益的多赢局面。

3. 创建“五位一体”的人才培养体系与双元交互递进的技能训练体系

校企探索创建“学生→学徒→准员工→员工→创业者”“五位一体”的人才培养体系，形成“教师、师傅”双元交互递进的学生实践技能训练体系。成立电子商务双元制专业教学指导委员会，制定《双元制人才培养模式教学指导委员会工作细则》《电子商务专业双元制人才培养方案》《双元制培养质量监控体系》。按照企业对接学校、工厂对接基地、产业对接专业、师傅对接教师、岗位对接培训的“五个对接”原则，以电商岗位为主线，以主要岗位的工作过程为基础，依据职业资格标准，提炼试点专业职业能力要素，构建“岗位能力主导型”课程体系。

针对学生技能实训时间不足、人才培养方案中课程设置和教材落后于企业现实等问题，学校可以在人才培养方案中重点设计工学交替和半工半读的教育教学方式，加入电商行业最前沿的电商运营、新媒体运营、跨境电商运营以及短视频运营四门双元课程。与企业联合开发与双元课程配套的双元育人校本教材，推动教、学、做的统一。具体到学生的三年的学习时间中，大致安排如下。

第一学年为学徒职业见习阶段。除了完成必需的基础课程之外，学生还需要完成美工、运营相关职业技术课程的学习，在学习过程中见习实战项目。

第二学年为学徒班学生岗位培训与项目教学期。学生在电子商务项目运营过程中，同时接受客服、美工、运营、视频剪辑、直播等岗位的岗位培训、岗位任务训练与指导。校企双导师共同完成学生课程的制定，并同时进行教学。每周企业导师下发企业周计划，按照企业周计划校企双方共同进行周课程研讨，确定课程内容。在课程实施过程中，每天组织集中的学习及实战交流分享活动。学生除了完成课程内容学习之外，还需要根据周任务工单进行自学，并且每周学生根据自己的周任务进行工单的编写，教师对学生周工单进行评价评分。具体的教学过程融合集中讲授、企业培训、项目教学、岗位项目实战和岗位轮训及岗位达标考核等多种教学组织形式，让学徒在真实工作情境中获得知识，提升自身的职业能力。

第三学年为学徒顶岗实习期。在本学年学徒实现以线上标准化、线下个性化岗位培训为主要特征的学徒培养与能力认证模式。本学年所有学徒进入电商企业进行顶岗实习。与此同时，一批学生进入校内外创业孵化基地，进行“双创”实践活动。

4. 校企互聘推动师资队伍建设

校企建立“教师、师傅”双元交互递进的技能教学管理体系，制定电子商务《双元制导师工作职责》《双元制师傅工作职责》；建立师徒结对档案，明确教师、师傅的责任和待遇，教师、师傅承担的教学任务纳入考核，享受相应的带徒津贴。

校企双方以教师技术技能实践、集中专题培训为主要形式，实施学校与企业管理人员双向挂职锻炼，提高专业教师的实践能力和理论教学水平，建设高素质、专业化师资队伍。建立健全双导师的选拔、培养、考核、激励制度，形成校企互聘共用的管理机制。建立完善灵活的人才流动机制，校企双方共同制订双向挂职锻炼、横向联合技术研发、学术交流、课题研究、专业建设的激励制度和考核奖惩政策。

5. 打造校企协同育人机制

学校应深入电子商务企业一线，了解企业用工需求，形成企业用工调研报告。校企双方成立校企协同育人工作小组，共同制定、签署《电子商务专业双元制项目合作协议》，在联合招生、共同培养、多方参与评价的双主体协同育人等方面明确校企双方的工作职责、成本分担。发挥校企协同育人工作小组的作用，统筹利用好校内外教学资源，推动双元制工作正常进行。校企协同育人工作小组自查自评协同育人机制落实情况，形成可供借鉴的双元制长效育人机制。

6. 建立健全协同育人管理制度

建立双元制试点领导小组和工作小组，制定管理流程，健全管理制度。建立健全与双元制相适应的各种规章制度，如招生招工、兼职教师聘用、实习教学、师徒结对、学分认定、弹性学制、技能评定等方面的管理办法。校企共同制定《双元制招生管理办法》《双元制指导教师管理办法》《双元制学生实习管理制度》《学生实习安全措施与违纪处理办法》《学分制和弹性学制管理办法》《企业导师管理办法》《双导师遴选管理办法》《师带徒管理办法》《学徒实习安全管理办法》等相关制度。同时，制定《学徒管理办法》，保障学徒权益，根据教学需要，科学安排学徒岗位、分配工作任务，保证学徒合理报酬。落实学徒的责任保险、工伤保险，确保人身安全。

7. 建立考核评价机制

校企双方制定实践技能考核标准，设计对学生、教师、师傅、企业等评价的表格。以能力为标准，改革以往学校自主考评的评价模式，制定《电子商务专业双元制培养质量监控体系》。具体实施中，将理论考核与操作考核相结合，将学生自我评价、教师评价、师傅评价、企业评价、社会评价相结合。积极构建第三方评价机制，每年 5 月和 11 月，通过行业、企业或邀请第三方机构等对学生岗位群实践技能进行达标考核。学生成绩由四部分组成，分别为在校理论学习考试成绩、在校表现的教师评价（包含课程考勤、平时成绩、课堂表现等）、在企专业能力的考核评定、在企个人表现的师傅评价（包含实训出勤率、平时实训表现等）。

此外，学校还可以以“1+X”证书制度为载体，依托合作企业的职业能力测评系统，对学生综合素养、学习效率、课程实践、职业前景等多方面进行测评。经过培养培训，学生可获得合作企业颁发的“1+X”证书，也可自行报考电子商务相关技能等级证书，从而切实提高学生的就业基础能力、岗位核心能力、职业迁移能力，实现“人人有技能，个个有特长”的目标，引导学生全面发展。

二、教学模式创新之任务驱动型教学模式

（一）任务驱动型教学模式

任务驱动型教学模式是一种基于建构主义理论的教学方法，是指以任务作为教学的导向，教师通过设置不同的任务，使学生独立和通过合作的方式完成任务，最终掌握知识并获得能力的提升。有学者为了让教育工作者更为简洁地理解任务型教学模式，将该模式中的“任务”解读为“让学生在课堂上围绕学习目的，对语言进行初步理解、再处理、最终生成自我感知后进行课堂互动的作业”。① 当然，任务教学型教学模式中的“任务”绝不是一般意义上的“课堂作业”那么简单，它是具有实践特色的、与生活阅历挂钩的、符合课堂教学内容的一项工作、一个难题，② 可以是习题，可以是案例，也可以是游戏，更可以是一个场景。总之，“任务”的形式是多样的，其内容也是非常丰富的。

① 张青．任务驱动法在高中语文阅读教学中的应用研究 [D]. 济南：山东师范大学，2019.

② 王洪．任务驱动法在中职学校会计电算化教学中的应用研究 [D]. 重庆：西南大学，2009.

任务型教学模式作为一种新的教学模式出现在中职教育课堂中，与传统的教学模式相比，能够为中职电子商务课堂注入新的生机，加强、提高电子商务课堂的教学质量。具体而言，该模式实施的意义有如下几点。

其一，有助于提高学生学习的主动性，培养学生的探究能力。在课堂教学中，“任务”的布置有助于学生主动性的发挥。因为学生的学习不再是漫无目的地等着教师灌输，而是需要带着任务有目的地进行探究。在学生针对问题进行探究的过程中，无论是学生独自探究，还是通过小组的方式合作探究，都有助于提高学生的探究能力，尤其是学生以小组的方式进行的合作探究还能够培养学生的合作能力，这对学生综合素养的提升大有助益。

其二，有助于提高教师专业素养，拉近师生距离。对于教师来说，也需要不断地提升自我，以适应时代发展对教师的要求。在传统的教学模式中，很多教师习惯了因循守旧，十年如一日地讲述知识，教学能力虽然在逐渐提高，但有些专业性的教学素养没有得到提升。而新的教学模式的应用迫使教师走出原来的“舒适圈”，教师需要接受和学习新的教学方法，这对于教师来说本身就是一个提升。另外，该模式的运用是围绕“任务”展开的，学生在针对“任务”进行探究的过程中难免会遇到各种各样的问题，而教师并不是布置完“任务”就可以撒手不管了，还需要随时关注学生探究的情况，然后针对学生存在的问题予以解答。这样增加了师生互动的频率，对于拉近师生距离、促进师生关系也起到了一定的作用。

其三，有助于提高学生就业率。职业教育与普通教育的不同在于职业教育偏重于技能的掌握，也直接指向学生的就业。但由于传统教学模式的教学质量较低，导致以往中职学校毕业学生的就业率并不理想。而任务驱动型教学模式以“任务”为导向，学生在课堂学习中不再处于一种“碌碌无为”的状态，而是在“任务”的驱动下积极主动地进行学习，这有助于学生掌握知识和提升素养，从而使学生达到企业的用人标准，进而提高毕业生的就业率。

（二）任务驱动型教学模式实施的策略

1. 正确认识任务驱动型教学模式，合理安排教学内容

认识是实践的基础。作为教育工作者，教师在教学实践中表现出的行为，从某种层面上来说是教学认知的外在体现，所以要有效地实施任务驱动型教学模式，教师首先要正确认识该教学模式。而提高教师对该教学模式认识的途径有两个：一是教师自我学习，自我提升；二是对教师进行培训。教师通过这两个途径提升对任务驱动型教学模式的认知之后，才能够合理地安排教学内容。

以电子商务课程《C2C网络购物》为例，在课程开始时，教师先排列出C2C的过程图，明确C2C购物目的，构建相应的场景，并且组织学生进行讨论和解析任务，在讨论中指出需要哪些设计来完成任务需求，由此提出问题。学生可以根据自己的喜好进行挑选，然后按照讨论和研究得出的结果，罗列出会员备案过程图，建立会员账号、支付账号等。在建立账号的过程中，教师应该引导学生注意账号的安全性。最后，指导学生通过阅读和查找两种方式进行挑选。

2. 均衡理论与任务的权重，切忌顾此失彼

通过前文对任务驱动型教学模式的分析可知，该模式适合职业教育，也适合电子商务这种实务类的课程，但这并不代表该教学模式适用于所有内容的教学。因为电子商务课程中也有理论内容，而且“任务”的进一步讲解有时也需要结合理论展开，才能达到最佳的效果。传统教学模式“重理论、轻实践”，顾此失彼，但一味“重任务、轻理论”同样是一种顾此失彼的体现。因此，在教学过程中，教师要均衡好理论与任务的权重，使学生既能够通过对任务的探究掌握知识和能力，又可以在理论知识的讲解下将知识系统化，实现全面的发展与提高。

3. 正视学生的个体差异，进行拓展和延伸

各个阶段的学生都存在性格、兴趣、能力等方面的差异。教师要正视学生个体之间的差异，虽然在任务的布置中很难针对不同的学生制定不同的任务，但教师可以让学生在完成任务的基础上自主进行拓展和延伸，以此充分体现学生的个体差异。当然，教师在策划任务驱动教学时，就需要做出充分的考虑。教案中不仅要包括专业知识，还需要包括在专业知识的基础上对任务进行拓展和延伸的一些内容。因为很多学生对于如何拓展和延伸或许没有思路，这时就需要通过教师的引导，激发学生的逻辑思维，引导他们以自己的思维方式进行思考、拓展、延伸。在学生进行拓展和延伸的思考之后，教师还应该让学生大胆发表自己的想法，然后予以点评，教师的点评要以鼓励为主，因为拓展性的内容无所谓对错，其目的就是发散学生的思维，展现学生的个性。如果教师过于纠结于对错，只是站在自己的立场简单地给出判断，这样只会打消学生的积极性，影响任务的延伸效果。

4. 客观评价学生的学习效果，提高评价科学性

任务驱动型教学模式的最后一个环节是评价，即对学生学习效果进行评价。在传统教学模式中，教学始终以教师为主体，教学评价也是以教师评价为主。而在任务驱动型教学模式中，针对学生学习效果的评价不再局限于教师一人，

而是采取“三主体”的评价模式，即教师评价、学生自评和同学互评。“三主体”的评价模式尊重学生的主体地位，引入了更多的评价主体——学生，能够使评价更加客观和科学。虽然从专业性上来说，学生评价的专业程度较低，但学生评价能够为教师提供更多了解学生的视角，这是教师一个人所不能实现的。而且随着“三主体”评价模式的实施，学生的评价能力会得到逐步的提升，其评价的专业度也会逐渐提高，进而使评价更具科学性。

三、教学模式创新之实训教学模式

（一）实训教学模式

实训教学是指为了熟练掌握某种技术或技能而在真实或仿真的环境中进行反复训练的一种教学模式。主要包括对学生进行单项能力和综合技术应用能力的训练，也包括职业岗位实践训练，其目的在于全面提高学生的职业素养，达到学生满意就业、企业满意用人的目的。[①]作为实践教学的一种模式，实训教学模式与双元制教学模式有相似之处，但二者并不能简单地画等号，在具体实施中教师要注意区分。

与传统教学模式相比，实训教学模式同样具有诸多的优点。具体而言，其应用到中职电子商务教学中，有如下几点意义。

其一，有助于实现电子商务人才培养模式的新突破。学校通过实训教学模式的建设，以提升学生电子商务运营能力为目标，以专项教材资源开发为起点，以项目运营服务为特点，可以对电子商务人才培养进行全过程立体化支撑；同时，可以强化学生的就业竞争力，培养学生的创业能力，深度强化学生的职业意识、风险意识、决策意识。该教学模式着致力于打破传统办学和教学模式，培养高素质技能型人才，加速推进学校专业建设内涵发展，全面实现人才培养模式的新突破，增强学校服务社会和服务产业的能力，助推区域经济发展。

其二，有助于提升学生将知识转化为实践技能的能力。实训教学模式结合我国一线教育者的研究精华和实训教学的典型案例，找到电子商务企业实践情境与课堂教学的整合点，即将企业真实商业环境、技能实践真实场景等融入课堂实践之中，从而在技能实训中提升学生将知识转化为实践技能的能力。

其三，有助于促进教师理论知识与实战能力的双融合。为了更好地开展实训教学，学校必然要结合企业真实场景以及教学情况进行项目建设。在项目建

① 梁绿琦．高等职业教育研究资料选编 [M]. 北京：北京理工大学出版社，2010：108.

设过程中，企业专业人士以及教师必然会全程参与其中，而教师通过与企业实战专家面对面沟通，可深入地了解电子商务企业真实的项目运营情况，掌握企业对所需人才的规格要求。另外，通过参与项目，教师也可以丰富实战经验，把理论知识与实战能力有机结合起来，从而能够更好地服务于日常教学。与此同时，学校通过辅助教育专家、企业实战专家的专项培训，也能够促进师资队伍整体水平明显提高，强化师资队伍建设。

（二）实训教学模式实施的策略

1. 将电子商务企业真实应用项目引入教学，创建学校、行业、企业多元主体参与的实训教学模式

学校依循国家、行业、企业电子商务标准，结合电子商务技能竞赛项目，改革传统课堂教学模式，构建全新的电子商务实践教学系统。结合“把专业建在产业链上”的职业教育办学先进理念，通过建设学校真实电商商业环境实训教学区、仓储物流区、专业化摄影棚、接待区、会议区、创客教育区等电子商务综合实训室，并引入校园商城 App 平台、微信小程序商城平台、Web 端商城平台和配套供应链管理 ERP 实训平台，加快校企合作，深化产教融合，构建特色鲜明的电子商务专业人才培养方案。

学校以电子商务真实应用项目为基础，采取以学生为主体的项目教学的主要教学方法，进行多样组队、团队协作的阿米巴模式[①]独立经营，依循这些构成要素展开教学实验。这样的教学模式对同样的商品、不同的团队充分发挥各自无限的创意，可制作出完全不同风格的作品，完全展示出项目教学开放式的无穷魅力。

2. 让更多不同专业的教师参与到实训教学中来

中职学校的电子商务专业的学生绝大多数不具备美学和设计方面的专业知识，对网店美工有一定的畏难情绪。他们单纯模仿教师给出的设计创意，能在熟练操作的基础上顺利完成临摹任务。但到课程中后段，当教师要求他们按照企业需求自行设计店铺广告时，很大一部分学生显现出了信心不足，作品大多

---

① 阿米巴模式就是将一个公司分割成许多个称为阿米巴的小型团队。每个阿米巴团队都作为一个独立核算的利润中心，按照小公司、小企业的方式进行独立经营。比如，生产部门的每道制造工序都可以成为一个阿米巴，营销部门也可以按照不同商品或者区域分割成若干个阿米巴。引入阿米巴企业管理模式，使在校学生自由创业，同时给予创业环境、资源支撑典型性项目设计。这些项目高度完整，可以使每位学生掌握行业企业以及技能竞赛要求的从商品拍摄、网店装修再到营销推广的全部技能。

也乏善可陈，让人眼前一亮的更是凤毛麟角。并且，由于学生接触商品营销知识不久，对理论知识还不能做到学以致用、活学活用，因此在商业广告文案和软文推广等方面还存在非常大的提升空间。这就需要更多的如美术、文案写作和市场营销等专业的教师参与到实训教学中，多方协作，才能真正提升学生电子商务项目的设计水平。

3. 课时整合，创建全天性真实应用驱动下的实训教学方式

调整实训教学课时安排，打破传统 45 分钟的课堂教学模式，将专业实训课课时整合，进行全天性、全真性的技能实践，给学生足够的时间反复实践、练习、运用，帮助学生真正将操作转化为技能。实训教学在电商企业专业人员的参与下，基于阿米巴企业管理模式，融入真实的 OTO 电子商务环境，将电商企业中各岗位真实的工作过程运用于实训教学，把实训变为实战，有效地激发学生的学习兴趣。在实战的过程中培养学生的团队合作精神，切实提高学生电子商务技能水平。

第四节　打造专业型师资队伍

一、打造专业型师资队伍的基础

师资队伍是提高学校教学质量的关键，也是学校人才培养的一个重要支撑，所以打造专业型的师资队伍同样非常重要。当然，专业型师资队伍的建设并不是一件简单的事情，这是一项复杂的工程，也是一项长期的工程。只有明确一些基础性的事项，才能更好地实施这项工程。

（一）明确电子商务人才培养对专业教师能力的要求

这里结合本书第二章对电子商务人才培养基础的分析与解读，明确电子商务人才培养对教师的能力要求，然后结合学校教师现状，进一步明确打造专业师资队伍的方向。

另外，还可以参考教育部印发的《中等职业学校教师专业标准（试行）》，构建中职阶段教师专业能力标准体系，具体见表 3-1。

续 表

表 3-1 中职阶段教师专业能力标准体系

一级指标	二级指标	三级指标
本体性能力	专业知识与技能素养	文化知识素养
		专业知识素养
		“双师型”能力
条件性能力	职业学校教师职业的有关素养	职业道德素养
		教育法规素养
		教学自我管理能力
		班级管理能力
	职业教育基础知识与基本技能素养	现代职业教育观念
		把握与借鉴课改动态的能力
		认识把握职校生身心特点的能力
		职业学习规律认识把握能力
		职业教育质量测量与评价能力
		学分制和弹性学制认知能力

续　表

一级指标	二级指标	三级指标
实践性能力	职业教育实践基本技术与方法能力	专业课程设置能力
		教学设计能力
		教学实施能力
		表达能力
		德育指导能力
		课外实践活动指导能力
		就业指导能力
		心理指导能力
	现代教育技术能力	教育信息与计算机网络技术素养
		教育技术应用能力
	操作性实践与指导能力	课程标准修订与学习
		教材教法指导
		反思性实践能力
	教育科研能力	教育科研能力

（二）明确电子商务专业师资队伍建设的原则

对于任何一项计划来说，目标都是不可或缺的，这是计划实施的最终指向，具有激励、凝聚、指明方向等作用，所以学校还需要明确电子商务专业师资队伍建设的目标。因此，学校在制定目标时，为了使目标科学、合理，需要遵守以下几点原则。

1. 可行性原则

可行性原则就是目标具有实现的可能性。有些学校在制定师资队伍建设的目标时，总是好高骛远，不从实际出发，制定一些“假、大、空”的目标。到了具体实施的过程中，因为目标不符合实际，常常是无从下手，最后不得不更改计划或放弃计划。目标的制定并非不可以“大”，但“大”的目标要有与之相匹配的“长”的时间，即将“大”目标定位为长远目标，然后在长远目标的基础上制定中期目标和短期目标。中期目标和短期目标的制定就需要学校充分考虑办学水平、现有师资基础、行业发展等实际情况，形成现实可行的师资队伍建设目标。

2. 时限性原则

时限性原则是指目标的实现要有时间限制，如到2022年要实现怎样的目标、达到怎样的标准，这里的“2022年”就是一个时间限制。时间限制的作用一是为了督促，二是便于考核。在制定目标之后，如果没有时间限制，相关人员便不会产生紧迫感，这会影响目标实现的进程，所以必须结合不同阶段的目标设置相应的时间限制。

3. 明确性原则

明确性原则就是要用具体的语言清楚地说明要达到的程度或标准。明确的目标是计划成功的一个重要因素。很多时候计划的失败都是因为目标模棱两可，或没有将目标有效地传达给相关成员。目标本身就是行动的一个指南针，指引着人们前进的方向，但如果这个“指南针”本身就存在问题，又怎么能够正确地指引导方向。因此，学校在制定师资队伍建设的目标时，一定要将目标明确化，切忌模棱两可、表述不清等情况的出现。

二、打造专业型师资队伍的具体路径

（一）多种培训方式相结合

对教师进行培训是提高教师专业能力的有效途径之一。为了提高培训的效果，学校应多种培训方式并行，切忌依赖某种单一的培训方式。目前，中职电子商务专业教师的培训方式主要有校内培训、高校进修培训、校际交流和企业定岗培训四种。

1. 校内培训

校内培训是教师培训较为普遍的一种方式。学校结合教育发展现状以及教师发展情况不定期对教师进行培训。培训的内容既包括教师专业方向，也包括教师教育的大方向。例如，2020 年 9 月 4 日，笔者所在学校——山东省济南商贸学校组织了“智慧黑板”活动。因为随着科技的进步，教育教学手段和设施也不断向高科技方向发展，学校利用假期时间更新了所有教室的黑板，从原来的普通黑板变成了集黑板、电视、投影、电脑于一体的“智慧黑板”。这次培训的目的是让教师了解“智慧黑板”的使用方法，在教学中充分发挥新设备的功能，提升教学水平，提高教学质量。“智慧黑板”功能强大，是数字化校园建设中添置的又一教学利器，它将进一步促进学校现代信息科技与课堂教育的深度融合。参加培训的教师表示，从新的教学方式中感受到了“智慧黑板”给教学带来的便利，体会到了数字化校园的巨大魅力，同时对自己提出了更高的的要求。

2. 高校进修培训

我国很多省份每年都会由教育厅牵头主办一些中职学校教师培训项目，承办项目的一般为该省内的高职院校。每个中职学校按照一定的选送标准，从校内选送一些教师参与培训，从而起到提高中职学校教师专业能力的作用。当然，这样的培训项目并不是很多，而且能够选送的教师名额也有限。所以为了鼓励更多的教师自主到高校进修，学校可以制定一些激励的政策，对于主动提高学历层次的教师予以适当的奖励，并将其与晋级、评优挂钩。

3. 校际交流

校际交流是不同学校之间展开的学习交流活动。通过学习彼此的成功经验，促进自己学校教育水平的提高。在这个过程中，校际的教师通过相互授课、听课、说课、研讨等活动，实现教师能力的提升。2020 年 3 月 18 日上午 9 时，济南市的 9 所中职学校（包括笔者所在学校）的 37 名电子商务专业教师通过互联网召开主题为“线上信息技术应用”的研讨会。研讨会围绕线上教学信息化技术应用展开，一些取得成功经验的教师针对自己的做法进行了分享，使参与会议的教师们受益匪浅。

4. 企业定岗培训

企业定岗培训就是将教师安排到电子商务企业之中，让教师从封闭的学校中走出去，也从单调的理论知识中走出去。教师到企业的第一线体验电子商务企业相关岗位的工作情况，了解电子商务行业的市场情况，从而促进教师对现实岗位中知识与技能的了解，提高教师的实践教学能力。为了提高教师到企业进行定岗培训的积极性，学校可以采取“双薪双聘”的方式，即与企业签订教师定岗培训协议，企业需要支付教师一定的薪酬。与此同时，学校照常支付教师的薪酬。当然，教师到电子商务企业中不仅充当学习者的角色，还应该充当培训者的角色，即为企业员工提供必要的知识培训，使企业的工作人员也能得到职业素养的提高。这种教师定岗培训的方式对企业和学校而言是一种双赢，而且能够进一步推动校企合作，具有非常积极的意义。

（二）组织管理科学化

要打造专业型的师资队伍，除了采用多种方式对教师进行培训以外，还需要对教师队伍进行科学的组织管理。

1. 加强领导班子建设

学校的领导班子是整个学校教育工作者的“车头”，他们不仅从宏观的角度负责学校的发展，更从微观层面管理每一位教师。从管理的角度看，教师管理属于人力资源管理的范畴，这并不是一件简单的事情，涉及很多专业性的内容。这是对学校领导班子提出的挑战，尤其是要实现科学的组织管理，学校的领导班子需要具备一定的专业的管理知识。因此，实现学校师资队伍组织管理专业化的第一步就是要加强领导班子建设，这是领导班子必须要认识到的一点。

2. 合理运用奖惩机制

奖励和惩罚是管理的手段，适用于任何岗位，也是目前采用最为普遍的一种管理手段。奖惩机制是在心理学的基础上产生的，具有应用的科学性，而且在长期的实践应用中也证明了其效果。但是，我们也同样看到了奖惩机制消极的一面。其实，奖惩机制消极的一面并不源自奖惩机制本身，而是源自其实施的具体措施。如果奖惩不适，势必会导致消极的结果。美国管理学家彼得·帕利曾说过：“在奖惩之间，有一个无形的东西，它既不是原则，也不是规律，它看不见，摸不着，只可意会，不能言传。”我们在运用奖惩机制管理师资队伍的时候，一定要掌握一个度，合理地运用这一机制。至于如何把握这个“度”，笔者认为要遵循及时性、相符性、针对性原则，使奖惩得当，即有功奖功，有过罚过，公平合理。奖励时在以精神奖励为主的基础上，坚持物质奖励与精神奖励相结合的原则，在全校范围内宣传其先进事迹，树立典型；惩罚时也可以采取物质惩罚与精神惩罚相结合的方式。但无论采取哪种方式，一定要客观、公正，否则容易让教师产生抱怨心理。这样便违背了“惩罚是为了矫正”的目的，反而适得其反了。

3. 了解教师间的个性差异，目标明确地进行差异化管理

在教学中我们常常强调学生间的个性差异，其实教师之间同样存在个性上的差异，这是学校领导班子不能忽视的一点。相对于学生来说，教师心理发展已经比较成熟，能够正确看待自己的个性，也能够在自我个性与集体责任之间

权衡轻重，不会因为自我个性影响集体的利益，这使得教师队伍的管理比学生队伍管理更加简单。但作为教师队伍的管理者，学校领导不能因此就忽视教师之间的个性差异，比如在确定班主任的人选时，应该选择性格外向、善于交谈的教师，这样才能更好地承担起班主任的工作职责。

（三）“内培”“外引”相结合

“内培”是指对校内的教师进行培训，这是提高教师能力的重要途径。而“外引”则是相对于“内培”而言，即从外部引进教师，丰富学校的教师队伍。目前，国内很多高校都采取“专职教师＋兼职教师”的模式，兼职教师一般由相关企业中的专业人员担任，负责为学生讲解实践内容，从而弥补校内教师实践经验不足的缺陷。中职学校可以借鉴高校的这一做法。因为职业院校本身就是以技术为主，重视实践，所以邀请企业中的专业人士为学生授课，也同样能够弥补校内教师实践经验不足的缺陷。因此，在通过多种途径对校内教师培训的基础上，学校还可以从外部引进教师，形成“专职教师＋兼职教师”的教师结构，从而进一步优化师资队伍，提升师资队伍的专业性。

第五节　建立完善的评价体系

一、评价体系建设应遵循的原则

在中职学校电子商务专业人才培养中，评价体系也发挥着重要的作用。但传统的评价体系并不完善，这在很大程度上影响着电子商务人才培养的效果。因此，学校应针对自身评价体系存在的问题，进一步完善其建设。为了形成一套可操作的、科学的评价体系，在具体的建设工作中，学校需要遵守以下几点原则。

（一）政策导向性原则

政策导向性原则就是评价体系的建设要以国家关于学生发展的相关政策为根本依据。在深刻领会政策的基础上，结合学校发展现状以及学生发展特点，力求评价体系的建设及后续工作的开展能够沿着正确的方向前进。比如，从所有学生发展的层面看，教育部在 2014 年印发了《关于全面深化课程改革落实立德树人根本任务的意见》，其中提出了各阶段学生发展的核心素养体系，明确了学生应具备的适应终身发展和社会发展需要的必备品格和关键能力。核心素养涵盖三个方面（文化基础、自主发展、社会参与）、六大素养（人文底蕴、科学精神、学会学习、健康生活、责任担当、实践创新）、十八个基本要点（人文积淀、人文情怀、审美情趣、理性思维、批判质疑、勇于探究、乐学善学、勤于反思、信息意识、珍爱生命、健全人格、自我管理、社会责任、国家认同、国际理解、劳动意识、问题解决、技术运用）。在制定评价体系时，虽然中职学校以学生的技能发展为主，但核心素养也是不能忽视的。另外，从职业教育学生发展的层面看，2019 年颁布的《教育部关于职业院校专业人才培养方案制订与实施工作的指导意见》明确指出："鼓励学校积极参与实施 1+X 证书制度试点，将职业技能等级标准有关内容及要求有机融入专业课程教学，优化专业人才培养方案。"总之，这些政策指出了我国教育（包括职业教育）人才培养的方向，对人才培养评价体系的建设同样具有指导意义。

（二）系统性原则

体系泛指一定范围内或同类的事物按照一定的秩序和内部联系组合而成的整体，是不同部分组成的系统。评价体系之所以被称为体系，自然也是由多部分组成的，所以系统性是其首先要遵守的原则。具体来说，评价体系的系统性就是要涵盖中职学校教学的方方面面，同时体现评价的交叉性、综合性等特点。电子商务人才培养不是一蹴而就的，也不是通过某一个方面就可以实现的，需要对人才进行系统的培养。所以相对应的评价也必然是系统的，这样才能满足电子商务人才培养的需求。

（三）可行性原则

在前文论述专业型师资队伍建设的时候，笔者便简要分析了可行性的原则，这一原则其实是很多计划或策略制定都要遵守的原则。因为只有可行才有意义，如果不可行，不能实现，即便书面上的策略或计划再完美，也只是纸上谈兵，空中楼阁，没有任何的意义。至于怎样才算是可行的评价体系，笔者认为可以从以下四点思考：其一，学校教学质量评价体系的可操作时间要控制在合理的范围之内，切勿浪费太多的时间和精力，以免造成不必要的资源浪费；其二，学校教学质量评价体系要规范财务资源，在固定的财政范围之内实现学校教学质量评价体系的可持续发展；其三，学校教学质量评价体系要具有可操作性，坚持定量分析和定性分析，对其中的各项内容进行明确规定，指标要具有针对性和科学性；其四，学校教学质量评价体系要有实际效果和可行性，能够为学校日常管理和教学活动服务，提升其应用的实效性。

二、评价体系建设的步骤

（一）研究国内外相关文献资料

文献研究法在教研中是常用的一种方法，就是相关人员通过分析国内外相关的文献资料，借鉴其中的成功经验，用以指导自身的教育工作。在建设电子商务人才培养评价体系的过程中，相关人员可以优先搜集一些国内外相关的文献资料，然后对文献资料进行系统的分析。笔者在分析国内外文献资料的基础上，发现评价体系建设倾向于如下几点：其一，评价程序的改变，更加重视过程评价；其二，评价主体的改变，主体从单一趋于多元；其三，评价功能的改变，更加关注学生整体的发展，而不是分数；其四，评价内容的改变，趋于多元和全面。

（二）制定调查问卷并进行调研

为系统了解当前中职电子商务专业学生职业能力培养现状以及企业对学生职业能力的要求，以便为评价体系的建设提供依据，需要针对教师、学生、企业、学生家长制定调查问卷，并进行调研和分析。调研的范围应尽量广泛，至少选取 5 家中职学校、10 家电子商务企业，学生家长与教师数量在 50 人以上，学生人数在 200 人以上。

（三）确定评价体系的内容，建设“双线三通”的评价模型

在研究大量国内外文献资料及调研的基础上，确定评价体系建设的内容，构建“双线三通”的评价模型。评价体系的内容包括评价的内容、评价的维度、评价的方式和评价的标准。“双线三通”的评价模型中的“双线”指线上和线下相结合，“三通”则是指对学生的评价要符合学校教育对学生的要求、符合企业等用人单位对学生的要求、符合学生家长对学生成长的期望，实现学校、企业、学生家长三方相通的学生评价模型。

（四）对评价体系进行初步的试点实践

在形成评价体系之后，从众多的班级中选取 1 ～ 2 个班级进行初步的试点实践。在实践反思、总结该体系的优点与不足的基础上，进行修改和完善，最后在全校范围内推广。对于不同的专业，其中的内容不同，所以在向其他专业

推广应用的过程中，各专业的教育工作者要结合自身专业的特点和要求对评价体系做有针对性的调整。

三、评价体系建设的内容

（一）评价的内容

评价体系中的评价内容包括对学生职业化技能、职业化道德与综合性素养三个方面的评价。

1. 职业化技能

中职阶段学生的职业化技能主要包括基础技能、综合技能以及创新技能三个方面。

（1）基础技能：指学生应掌握本专业要求的基本技能，这是对学生学习最根本的要求。基础技能要求学生在专业课程上取得合格的成绩，且取得相应的技能证书。

（2）综合技能：综合技能体现在具体的实践操作中，因为实践不同于理论，往往需要综合性的技能。综合技能要求学生能够保质保量地完成实训以及实习的工作任务。

（3）创新技能：创新在当前这个时代显得至关重要，这是很多企业需要的核心能力，也是对学生技能的高阶要求。一般需要学生获得市级以上技能大赛的奖项或者获得技能专利，这无疑具有一定的难度。

2. 职业化道德

中职阶段学生的职业化道德一般指学生应具备的职业道德。职业道德有狭义和广义之分。狭义的职业道德是指在一定职业活动中应遵循的、体现一定职业特征的、调整一定职业关系的职业行为准则和规范。广义的职业道德是指从业人员在职业活动中应该遵循的行为准则。职业道德涵盖了从业人员与服务对象、职业与职工、职业与职业之间的关系。职业道德是优秀员工必备的基本素质，虽然学生还没有进入企业之中，但同样应该培养相应的职业道德，并对学生职业道德做出初步的评价。

3. 综合性素养

综合性素养指学生除了具备职业化技能与职业化道德之外，还应具备的其他素养，主要包括思想政治素养、身心素养和文化素养。关于这三点，笔者在本书第二章第三节中已经有所论述，在此不再赘述。

（二）评价的维度

评价的维度，也可以理解为评价体系中对学生评价的角度或者说参与评价的主体，即从以往的一元维度（教师评价）转变为多元维度（教师、学生、企业）。多个维度的学生评价可以为教师提供多个了解学生的角度，从而使教师更加客观、全面地了解学生，进而使形成的评价更加科学、客观和全面。

1. 学生维度

学生维度的评价包括学生自评与学生互评两种模式。

（1）学生自评：学生自评就是学生对自己进行评价，包括对自己的学习态度、学习能力、综合素养等方面的评价。但很多学生对于自我反省并没有认识，不能也不会自我反省，而学生自评形式的出现为学生提供了一个自我反省的机会。虽然在开始阶段学生可能不知道如何进行自我评价，但在教师的指导下，并且随着学生自我评价次数的增加，学生自我评价的能力一定会得到提升。

（2）学生互评：学生互评就是让学生彼此之间进行评价。从某个层面看，个体是最了解自己的人，但个体有时恰恰看不到自己的问题。同学之间的接触相对来说比较密切，相互之间也比较了解，他们有时能够看到其他人甚至本人看不到的地方。学生之间进行互评，可以为学生提供一个了解自己的渠道，也可以为教师提供一个了解学生的渠道。鉴于学生之间亲密的关系，学生之间很难面对面地讲出对方的缺点，应采取匿名的方式进行学生互评，这样才能得到最客观的评价。

2. 教师维度

教师维度的评价就是教师对学生进行评价，这是最为普遍的一种评价方式。教师作为学生“传道授业解惑”的“明灯”，在知识和道德上都站在一定的高度。教师具有评价学生的资格，并且教师的评价也具有一定的权威性。但教师面对的是几十个甚至上百个学生，很难对每一个学生都有深入的了解，这会在一定程度上影响教师评价的准确性，因而需要增加其他维度的评价。但如果只站在教师评价的维度上，教师评价改进的方向就是由不同学科的教师成立学生评价小组。因为学生之间存在个性、能力等方面的差异，所以在不同的学科中也可能会有不同的表现。不同学科的教师能够看到同一学生不同的一面，这使得对学生的评价更加全面。另外，教师一个人的精力是有限的，通过成立评价小组可以有效分担教师评价的压力，从而取得“$1+1+\cdots+1+1 > n$”的效果。

3. 企业维度

中等职业学校的教学内容大多包含学生的企业实习，这就涉及学生教育参与的第三方——企业，而作为学生教育参与的一方，企业无疑也应具备学生评价的资格。学校对学生评价的角度大多是基于理论或者模拟实训，虽然模拟实训能够在一定程度上还原企业运行的场景，以此锻炼和评价学生实际操作的能力，但与学生到企业一线实习仍旧存在一些不同。在学生实习的过程中，企业会有相关的人员负责对学生进行培训和指导，他们能够清楚地看到学生实际操作的情况，并据此给予一定的评价，这些评价可以让教师更加真实地看到学生实际操作的能力。因此，在学生评价体系的维度中，企业维度也是不可或缺的。

（三）评价的方式

就中职阶段学生来说，目前经常采取的评价方式有表现性评价、发展性评价和过程性评价三种。

1. 表现性评价

表现性评价是指通过观察学生在完成实际任务时的表现来评价学生取得的发展成就。该评价方式是在对传统学业成就检测进行完善的基础上形成的。传统的学业成就检测方式只关注孤立的知识和技能，忽视了学生能力的发展。而表现性评价则克服了学业成就检测的弊端。它重新回归于学生在教育活动中的完整而真实的生活，强调在完成实际任务的过程中来评价学生的发展，不仅要评价学生知识、技能的掌握情况，更重要的是要通过对学生表现的观察分析，评价学生在创新能力、实践能力、与人合作的能力以及健康的情感、积极的态度、科学的价值观等方面的发展情况。

2. 发展性评价

发展性评价就是以促进学生全面发展为目的的学生评价方式。发展性评价改变了传统评价方式过于强调甄选和选拔功能的理念。它是以多元智能理论、建构主义理论等为基础，追求的不是给学生下一个精确的结论，而是要通过对学生过去和现在状态的了解，分析学生存在的优势和不足，并在此基础上提出具体的改进建议，促进学生在原有水平上的提高，逐步达到基础教育培养目标的要求。

学生的发展是一个过程，这个过程是漫长的，教师需要在这个过程中不断给予学生关注，而不是只关注最后的结果。发展性评价既重视学生的现在，也考虑学生的过去，更着眼学生的未来。所以该评价方式往往通过在各个环节具体关注、评价学生促进学生的发展。

3. 过程性评价

过程性评价关注的是学生的学习过程，这一点与发展性评价相似。不同的是，发展性评价是站在一个比较宏观的视角上（学生整体发展的过程视角），而过程性评价是站在一个比较微观的角度上（学生学习的过程视角）。传统的评价方式关注的是学生的学习结果，但教育工作者们很少会考虑导致该结果的原因，很多时候只是下一个结论便草草了事。其实，如果从学习的整个过程看就不难明白，不同学习结果的出现往往是不同学习方式导致的。二者一个是表层（学习结果），一个是深层（学习方式）。传统评价方式关注的是表层，这种浅层次的评价很难触及深层次的学习方式。但如果学习方式不改变，便很难改变学习结果，最终陷入恶性循环之中。过程性评价关注的是学生的学习过程，即学习方式。通过评价学生的学习方式，使学生认识到自己在学习方式上存在的问题，进而在不断调整与完善中趋向于好的学习结果。

（四）评价的标准

结合前述评价的内容，笔者构建了较为细化的评价标准，具体见表 3-2。

表 3-2　评价标准

一级指标	二级指标	三级指标
职业化技能	专业基础技能	专业核心课成绩
		专业方向课成绩
	专业综合技能	取得技能等级证书的数量、类别和级别
		实训教师对学生职业态度、行为的评价
		实习单位对学生职业态度、行为的评价
	专业创新技能	获得市级以上技能大赛奖项
		获得技能专利
职业化道德	职业道德	遵守学校或企业的各项规章制度
		有正确的职业观，爱岗敬业

续 表

一级指标	二级指标	三级指标
综合素养	思想政治素养	正确的政治认识
		正确的世界观、人生观和价值观
	身心素养	较好的身体素质，达到《国家学生体质健康标准》对中职学生的要求
		健全的人格，能管理好自己的情绪，有积极的心理品质
		自我认知，能正确判断和评估自我
	人文知识	具备人文知识，如艺术知识、历史知识、文学知识
	人文精神	具备人文精神，如民族精神、时代精神、人文思想

第四章　校企合作电子商务人才培养

第一节　职业教育校企合作简述

一、校企合作的概念与特征

（一）校企合作的概念

校企合作的定义来源于教育家裴斯泰洛齐倡导的教育与生产劳动相结合。他认为岗位能力的培养要从两个方面落实，即理论与实践劳动相结合，这是提高人的岗位技能和工作效率的最好手段。[①] 从这一定义出发，我们可以将校企合作简单地界定为：学校与企业之间建立起一种合作模式，通过该模式培养人才。如果要进一步理解校企合作的概念，笔者认为可以从目前关于校企合作的几种说法入手。

其一，模式说。该说法认为校企合作是一种人才培养模式，与笔者前文所下的简要定义相同。持该说法的人士认为学校与企业是两种不同的教育环境，具有不同的教育资源。虽然目前学校是人才培养的主要场所，但学校受一些客观因素的限制，导致其在人才培养中也不可避免地存在一些限制，而企业可以很好地弥补学校教育资源以及环境上的不足之处，从而通过学校与企业的互补完成对人才的培养。

其二，机制说。该说法认为校企合作是一种以市场需求为导向的运行机制，因为多数学生从学校毕业之后都会参加工作，对于职业教育来说更是如此。而只有满足市场的需求，才能有一个较高的就业率。所以校企合作的目的就是提

---

① 许云雁．中职学校电子商务专业校企合作调查研究与优化分析 [D]. 广州：广东技术师范学院，2016.

前与市场接轨，这样既可以帮助学生理解市场发展情况，并以此作为教育调整的一个依据，又可以提高学生实践操作的能力，从而在满足市场需求的基础上提高学生就业率。

其三，中间组织说。该说法认为校企合作是指在为社会教育和培训合格的劳动者这一目标下，开展职业院校与企业、行业服务部门等校外机构之间的合作，将学生的理论学习和实际操作或训练紧密结合起来，以提高职业教育的质量和未来劳动者的素质，并增强企业与毕业生之间双向选择的可能性，最终促进社会经济的发展。

其实，上述几种说法都有其合理的地方，只是从不同的角度出发，便会对校企合作产生不同的解读。综合上述几种说法，笔者认为校企合作从整体上来说是一种人才培养模式。这种模式的实施是一项系统的工程，涉及学校、企业、学生以及政府部门。是一种在政府部门外部力量推动下，由学校和企业共同协商合作的，以促进学生全面发展，并适应社会经济发展、适应行业发展对人才需求的人才培养模式。

（二）校企合作的特征

随着校企合作模式的应用推广，该人才培养模式已经从职业学校拓展到普通高校，并且在人才培养中发挥着越来越重要的作用。在不同的阶段和不同性质的学校中，校企合作所呈现的特征也有所差异。在此，笔者站在职业教育的角度上，仅分析职业教育中校企合作所具有的特征。

1. 职业性

职业教育中的校企合作，其中一个目标维度就是培养满足行业要求的人才，呈现出较强的职业性。校企合作通过将学校教育和企业实训结合到一起，使学生在掌握技能知识的同时，也初步养成良好的职业素养，并提高其专业能力、方法能力和社会能力，从而帮助学生更好地实现从学习生涯向职业生涯的过渡。

2. 教育性

职业教育与普通教育的不同之处在于职业教育更偏重于职业能力教育，是一种具有较强企业行为和经济行为的教育形式。因此，当前开展的校企合作多是以岗位需求为导向，转变育人理念，强化人才意识，优化专业设置，明确培养目标，制订教学标准，整合教学资源，共同参与人才培养的一个完整的过程。但无论偏重于哪个方向，校企合作都是立足于人才培养，都是为了促进学生的发展，其本质属性仍然是教育，这一点是不随校企合作形式、校企合作侧重点而改变的。

3. 目标一致性

校企合作是学校与企业相互合作的一种模式，是一种双向的互动。其实，就“合作”一词本身来讲，合作就是一种互动的方式，是指个体或群体之间为达到某一目标，彼此之间相互协调，联合采取行动。作为参与合作的双方，企业与学校之间在目标上具有一致性，即培养合格的人才。这种目标的一致性其实也可以看作是利益的一致性，即在校企合作中企业和学校都能够获得相应的利益，这是促进校企合作的一个重要动机。

4. 资源的协调性

在前文分析校企合作的概念时，笔者提到了企业与校园环境和资源上的不同，通过双方资源的互补可以更好地实现人才培养的目标。其实，校企合作模式常常还会涉及第三方，即政府。政府在校企合作中往往起到推动的作用，即通过政策以及资源的支持推动校企合作模式的展开。由此可见，校企合作涉及政府、学校与企业三方的资源，而这三方的资源为一个共同的目标——人才培养服务。在校企合作的过程中，有时学校需要借助企业的资源，对学生展开相应的教育；有时企业需要借助学校的资源，以求在人力资源配置上达到优化，从而提高企业运营及管理的效益；有时学校与企业双方需要借助政府的资源，以进一步推动校企合作。无论是上述哪种情况，都需要对资源进行协调，这个协调的过程便体现了校企合作中资源的协调性。

二、校企合作的重要意义

（一）有利于学校的发展

职业学校是校企合作参与的一方，校企合作对于其发展具有非常积极的意义，具体体现在以下四个方面。

1. 有利于学校教育资源的完善

教育资源在职业学校的教育中占有重要的地位，能够发挥非常积极的作用。教育资源的完善（如扩建教育场地、购买设备等）需要充足的经费支持。但目前来看，我国职业学校普遍存在经费不充足的问题，这便限制了学校教育资源的完善。而学校通过与企业形成合作关系，便可以借用企业的资源，包括企业现有的硬件设备，从而起到完善学校教育资源的作用。

2. 有助于学校实现人才培养的目标

人才培养是职业教育的一个重要目标，但只有培养出合格的人才、满足社会需要的人才，才能算是实现了人才培养的目标。随着社会的不断发展，社会对人才的要求在不断提高，这就要求学校教育也要不断改革和创新，从而培养出符合社会要求的人才。校企合作作为一种人才培养模式，立足于学生的发展，通过整合学校与企业的资源，对学生进行全方位的教育，使学生在学校学习理论知识的基础上，还能够有足够的机会和时间进行实习和实践，真正体现教学做一体化，从而促进学生的全面发展。职业教育的人才培养不是纸上谈兵，它不仅是知识和理论的传授，而且是理论与实践相结合的教学。必须把生产建设、管理服务一线的鲜活知识和鲜活案例带进课堂，在学校与企业多主体的合作中才能实现多赢。

3. 有助于学校课程资源的更新与完善

学校课程资源的建设一是以宏观教育为指导，二是以行业发展为指导。就电子商务行业而言，其发展速度非常快，学校需要时刻了解该行业发展的情况，以便对学校的课程资源进行更新和完善。要了解行业发展情况，学校除了从网络上搜集信息之外，还需要到企业一线进行实地的调研，这样才能得到更加准确的信息。校企合作的展开一方面方便了学校对行业的调研；另一方面，在合作的过程中也能够通过学生实习的反馈了解行业的变化情况，进而在此基础上更新和完善学校的课程资源。

4. 有助于学校专业性师资队伍的建设

在第三章第四节中，笔者指出了专业性师资队伍建设的重要性，也提出了具体的路径，其中一个便是“内培”“外引”相结合的方式。其中的“外引”就是从外部引进教师，即聘请“兼职”教师，这些兼职教师不是其他学校的教师，而是企业中的专业人员，负责为学生讲解实践内容，以此来弥补校内教师实践经验不足的缺陷。校企合作为学校提供了一个引进“兼职教师”的途径，推动学校“专职教师＋兼职教师”结构的形成，从而进一步优化师资队伍，提升师资队伍的专业性。

（二）有利于企业的发展

对于企业来说，虽然校企合作需要为前来实习的学生提供人力支持和物力支持，但企业同样获得了人力上的资源以及学校提供的知识和技术上的支持，有时还会得到政府政策以及资金上的支持。具体来说，校企合作对企业发展的意义体现在以下三个方面。

1. 有利于降低人力资源成本

在前文对电子商务人才需求的分析中，笔者已经指出了当前电子商务行业对人才的巨大需求，但很多企业并没有因为对人才的需求就降低录用的标准。而很多毕业生虽然满足了企业用人的要求，但由于缺乏实践经验，所以企业需要对他们进行二次培训，这样就大大增加了用人的成本。另外，面对每年大量毕业的学生，企业招人本身就需要投入成本，这部分成本也属于企业的人力资源成本。而在校企合作中，企业为学生提供适宜的岗位，并提供相应的培训，使学生获得能力上的提升。这些学生经过企业实习，大多能够初步满足企业的用人需求。当学生毕业之后可以直接到企业就业，这不仅提高了学生的就业率，也降低了企业的用人成本。

2. 有利于企业经济效益的提高

站在企业发展的角度去看，企业发展的根本动力是经济效益。企业只有实现赢利，才能保证其持续的发展。企业的经济效益不仅受收入的影响，也受各种支出成本的影响，包括产品成本、人力成本、技术成本等。企业在生产的过程中，难免会遇到技术上的问题，有时靠企业自己很难解决，或者需要一个较长的周期，从而影响企业的经济效益。但通过与学校形成合作关系，便可以寻求学校的帮助，由学校提供专业的人员，辅助企业更快地解决问题。另外，学生到企业进行定岗实习，企业往往只需要支付较低的薪酬，虽然这些学生产生的工作效益比不上正式员工，但因为受过系统和专业的教育，同样能够为企业产生一定的经济效益，从而促进企业经济效益的提高。

3. 有助于获得国家的支持

校企合作作为一种有效的人才培养模式，备受国家重视。为了推动这一人才培养模式，国家每年都会颁布一些支持性的政策，包括对学校和企业的支持。

（三）有利于师生的发展

作为切实参与校企合作的群体，无论是教师还是学生，都能够在校企合作的模式中实现一定的发展。

1. 有助于提升学生的职业能力

职业能力对学生就业以及今后的职业发展具有非常重要的作用，但有些职业能力在学校中很难实现有效的培养。而依托于企业，通过在企业一线进行实训，则可以很好地锻炼学生的职业能力，从而促进学生职业能力的提升。

2. 有助于拓宽学生的就业途径

就业是职业教育的一个重要目标，但只有满足企业的用人需求，才能实现从学习生涯到职业生涯的完整过渡。通过校企合作的育人模式，学生能够获得职业能力的提升，满足企业的用人需求，从而获得更多企业的青睐，进而有更多的就业选择。另外，就业与招聘信息的不对称也会影响学生的就业。而在校企合作的育人模式中，学校与企业是一种深度合作的模式，学校了解企业的用人需求，并将这些用人需求向学生广泛发布，为学生提供更多的就业渠道。

3. 有助于教师的专业化发展

在这个知识爆炸的时代，我们每一个人需要具备终身学习的理念。教师作为教育工作者，为了培养符合时代发展需要的人才，更是要具备终身学习的理念，不断提高自己的专业素养，做一位“双师型”教师。双师型教师是指既具备理论教学素质，又具备实践教学素质的教师。双师型教师是职业教育教师队伍建设的重点和特点。目前职业学校中的教师大多经过系统化的教育，具备较高的理论教学素质，但很多教师其实并没有太多实践的经验，这在一定程度上会影响实践教学的效果。而通过校企合作，学校教师可以定期以半脱产的形式到企业进行跟岗实践，以此弥补教师实操能力和岗位能力不足的缺陷，从而更好地促进教师的专业化发展。

三、校企合作的原则

（一）企业需要的原则

相对于普通教育而言，职业教育的目标性较强，其直接指向企业的需求，为企业提供所需要的人才。校企合作的开展是为了培养合格的人才，也为了使人才能够满足企业的需求，这是企业参与校企合作的一个重要动机。因此，校企合作的开展要遵守企业需要的原则。根据行业中企业的用人要求以及岗位的需求，制定校企合作人才培养方案。

（二）校企互动的原则

校企合作是基于学校和企业互动的基础上推动的，只有双方相互协调、深入沟通，才能推动该人才培养模式的实施。在校企合作中，学校需要定期将学生派送到企业进行实习。这种派送不是盲目的，而是要提前和企业进行协商，沟通派送人数、派送的具体时间、学生定岗实习的岗位等。另外，企业邀请学校教师为企业员工培训，或邀请教师协助企业解决问题等，也都是基于协调互动的基础。总之，合作就需要互动，只有一方主动的合作不能称为合作，而且必然不能长久。

（三）校企互利的原则

合作大多是在共同利益的基础上，校企合作也是如此。只有学校、企业在合作中都能够得到切实的利益，合作才能长久地维持下去。尤其是对于企业来说，经济效益是其发展的根本。企业和学校都能够在校企合作中获得自身需要的利益，但这种利益是在双方有效合作的基础上，同时基于合作双方对自身及对方利益的考量，即不能一味追求自身利益的最大化而忽视了对方的利益，不然违背了互利的原则，合作必然不能长久。

（四）政府引导与监管的原则

要想实现校企合作的健康、可持续发展，有时仅仅靠市场机制或者校企双方很难实现，这就需要政府发挥其统筹引导的作用，适度地发挥政府“有形之手”的作用，与市场“无形之手”一起为校企合作的有效推进提供保障。例如，树立校企合作先进典型，鼓励企业积极参与到校企合作中，为职业学校办学提供必要的设备、场所和人才。当然，除了鼓励和引导之外，监督也是校企合作有序开展的一个重要保障。基于此，政府可以针对校企合作建立完善的评估标准，制定严格的评估程序，对校企合作进行全方位的评估，避免校企合作流于形式。对于达到标准的学校和企业，政府除了给予税收上的优惠之外，还会将其树立为典型，为其进行宣传，提高其行业口碑。

第二节 电子商务校企合作的影响因素分析

一、主体因素

（一）学校

学校作为参与校企合作的主体之一，其中的影响因素主要包括学校的领导班子、专业建设情况与硬件设施三个方面。

1. 学校领导班子

当前，我国正处在产业结构变革的时期，电子商务的出现加剧了产业变革的速度，并且电子商务也逐渐渗透到各行各业中，由此产生了大量的电子商务人才缺口。虽然电子商务人才缺口较大，但如何找准企业、市场、学校的利益结合点，更好地为社会输送行业需要的人才，无疑是需要学校领导班子思考的问题。就校企合作来说，学校领导班子的影响主要体现在如下两个方面。

其一，影响合作企业的信任度与积极性。校企合作需要学校和企业双方互动，而只有企业对学校充分信任，企业参与合作的积极性才更高，也更加愿意拿出更多的资源支持校企合作项目的实施。学校在与企业针对校企合作进行洽谈的过程中，通常由学校的领导班子作为学校代表，而学校领导班子的能力会在一定程度上影响校企合作洽谈的情况。一个对学校办学理念有着清晰思路和规划、对合作伙伴友好和尽责的领导班子，无疑会赢得企业的信任。

其二，影响校企合作的长期稳定运行。一方面，学校领导班子的办学观、决策观、管理观和格局观直接决定着学校的发展机遇，影响着学校的社会形象，关乎着学校未来，也会影响企业与学校合作的长久性。这是因为学校领导班子对校企合作的理解、态度、重视程度和全局的掌控能力直接决定了合作的可能性、合作的深入程度和合作的预期效益，关系着企业与学校进行合作的积极主动性；另一方面，学校领导班子的办学理念代表着整个学校的办学思路和未来方向，影响着全体教职工、在校生和毕业校友的利益及工作态度，进而影响着校企合作机制在具体操作环节的执行顺畅程度和效率，影响着校企合作的实际成效，最终影响着校企合作是否能够长期稳定运行。

2. 专业建设情况

从大的方面来看，校企合作是学校与企业的合作，如果将其进一步具体化，则是学校的某个专业和行业中的某个企业进行深入的合作。从这一层面看，学校的专业建设情况必然会对校企合作产生影响。其具体影响主要表现在如下两点。

其一，影响着企业合作的投入力度。学校的专业建设与当前经济发展的趋势以及行业发展的契合度越高，对企业的吸引力越大，企业则愿意投入更多的资源；反之，对企业的吸引力则越小，企业不愿意合作或不愿意投入过多的资源。这是因为学校专业建设与当前经济发展的趋势以及行业发展的契合度越高，其培养的人才越能满足行业发展的要求，企业就能够从中获得更多的利益，所以更倾向于与学校合作。

其二，影响着政府对学校的支持力度。政府虽然大力支持校企合作，但政府能够投入的资源是有限的。而要使有限的资源发挥出最大的效用，政府就需要从众多的学校中选择出更具代表性和更具发展潜力的学校。在对学校进行选择或审核时，学校的专业建设是一个重要的因素。如果学校的专业建设具有特色，且在人才培养上具有较大的成效，政府的支持力度自然就更大；反之，政府有可能减少甚至取消对学校的支持。

3. 硬件设施

学校的硬件设施是指静态固定的、辅助教学任务的基础设施，主要涉及学校的学习环境、教学环境与休闲环境三个方面，如学校的教学设备仪器、图书馆、教学楼、实验（实训）器材、信息化设备等都属于学校的硬件设施条件。对中职学校来说，硬件设施条件不仅能够为学生提供优良的学习环境，提高学生学习质量，而且是综合评价一所学校教学质量的指标之一。从某种程度上来说，学校的基础设施条件是学校开展教学活动的基础，也是学校实施校企合作的一个重要基础，直接影响着校企合作中学校承担某些项目的能力。与上述两个因素相比，学校基础设施条件对校企合作的影响更加直接。所以为了推动中职学校校企合作项目，学校也不能忽视自身基础设施条件的建设。

（二）企业

作为参与校企合作的另一个主体，企业同样影响着校企合作的实施。具体而言，企业中影响校企合作的因素主要有企业参与合作的经济效益与企业的价值观两个方面。

1. 企业参与合作的经济效益

企业参与合作的经济效益也可以理解为投入产出比，即在参与校企合作的过程中，企业投入与产出之比。在市场化的大环境中，企业是自负盈亏的社会组织，对企业来说，要想实现长远发展，就需要对任何项目的投入和产出进行衡量。总体思路就是以较低的投入，获得较高的产出，从而提高企业的经济效益。站在企业的角度，校企合作其实可以看作是一种投资。当投入产出比较高时，企业参与校企合作的积极性便高，企业投入的资源也可能更多；反之，企业则可能会减少投入。当然，企业的投入产出比是站在校企双方共同利益的基础上的。企业不能因为要实现投入产出比的最大化而损害学校的利益，从长远来说，这样既不利于校企合作长期稳定的运行，也不利于企业的发展。

2. 企业的价值观

企业的价值观影响着企业的经营理念与企业的道德观念。其中，企业的经营理念决定着企业的经营方向；企业的道德观念影响着企业的社会责任意识。对于企业来说，企业的经营理念和企业的社会责任意识都会影响企业参与校企合作的积极性和程度，所以企业发展的宏观价值观自然也成为影响企业参与校企合作的一个重要因素。

首先，从企业经营理念的层面来看，企业的经营理念决定着企业合作的目的、合作的方向、合作的内容以及合作的形式。对于企业来说，校企合作是一种合作形式，这种合作形式涉及哪些内容、能够达到什么目的是企业考虑的因素。只有当企业进行综合分析和考虑之后，确定校企合作是否符合其经营理念，才会决定是否进行校企合作。另外，企业追求的是短期利益还是长期利益也会影响其对校企合作的决策。因此校企合作对企业产生的利益一般是长期的，并且随着时间的推移，其利益愈加凸显。所以，如果企业追求的是短期利益，则参与校企合作的意愿便会较低；如果企业追求的是长期利益，则企业参与校企合作的意愿便会较高。

其次，从企业道德观念的层面来看，企业是否具有承担社会责任的意识也是影响其参与校企合作的一个重要因素。因此仅仅从利益的角度分析，企业合作的对象有很多，可以实现经济效益的途径也很多，校企合作只是其中的一种。但与其他途径不同的是，校企合作有助于学校培养更多符合社会发展需要的人才，这对社会发展来说具有重要的意义。如果企业能够站在社会发展的价值高度上，承担起其促进社会发展的社会责任，便会在众多可以获得利益的途径中选择校企合作的方式，与学校一同为了培养人才而贡献自己的一份力量。

二、环境因素

（一）内部环境因素

内部环境因素主要指影响学校和企业达成合作目的的内因，主要包括主体战略因素、经济效益因素与潜在风险因素三个方面。

1. 主体战略因素

主体战略因素主要是从主观意识形态层面对校企合作机制产生积极促进作用。战略是一种宏观、长远的目标，通常从全局考虑，且具有较长的周期。对于企业和学校来说，战略是他们未来长期发展的宏观决策，一旦确定，将成为后续很多工作开展的基本准则。虽然学校和企业在性质以及运行机制上存在很大的不同，但对于二者来说，主体战略的重要性是一样的。校企合作无论是对于学校还是企业来说，都不是一件小事，自然受主体战略因素的影响。当然，是否将校企合作上升到战略高度，将会在很大程度上影响校企合作的推动情况。如果学校和企业都能够将校企合作上升到战略高度，那么在日常的教学科研、生产中，学校和企业都会积极主动地寻求符合自身发展、条件合适、目标类似的主体进行合作，并逐步确立合作关系，从而进一步稳固和提升自身的生产和创新能力。

2. 经济效益因素

经济效益是影响校企合作并维持其长期稳定发展的最直接和最根本的内因。对于企业来说，其追求的是利益的最大化；对于学校来说，其追求的是教育资源的积累。二者虽然追求的目标不同，但都是站在彼此发展的立场上，追求效益的最大化。

3. 潜在风险因素

就校企合作来说，虽然有政府的支持和扶持，但就合作的本质而言，合作便存在着风险，存在着不确定性，这些潜在的风险也是影响校企合作的一个内在的环境因素。在校企合作中，无论是企业还是学校，都需要投入较多的资源。这些投入的资源最终能否产出，或者说能否转化为成果，存在着一定的不确定性。而且有些影响因素是不受参与主体（包括学校、企业和政府）控制的，这就增加了合作的潜在风险。对于企业来说，企业是合作机制中资源的主要承担者，主要提供设备、场所等学校所不具备的资源，通过与理论知识积累丰富的学校进行合作就可以降低风险指数，提高资源共享和充分利用的可能性；对学校而言，经费缺乏是中职学校中普遍存在的问题。因此对于学生的管理和培养等方面的创新就会在数量和规模上受到限制，而且学校本身承担风险的能力也不强，通过与企业进行合作就可以将此风险降低。由此可见，降低校企合作中存在的一些潜在风险对推动校企合作无疑会起到非常积极的作用。

（二）外部环境因素

校企合作涉及学校、企业、政府三方，它不仅受内部环境因素的影响，同样受外部环境因素的影响。产生影响的外部环境因素是复杂的。为了能够全面、系统地对外部环境因素进行分析，笔者借助 PEST 分析法，即从政治因素（P，Politics）、市场经济因素（E，Economy）、社会环境因素（S，Society）、科学技术因素（T，Technology）四个方面展开。

1. 政治因素（P）

政治环境因素所产生的政治政策与法律法规都会对校企合作产生决定性的影响。政治因素产生的主体可分为中央政府与地方政府。中央政府作为国家意志的具体执行者，通常站在国家发展的高度上进行战略布局，对包括电子商务行业在内的各行各业产生着深刻的影响。地方政府则站在更为具体的层面，从地方发展的实际情况出发，在中央政府政策的指导下，制定更加具体的政策。

从中央政府这一政策制定的主体来看，中央政府主要从三个方面影响校企合作。其一，中央政府对校企合作进行顶层设计，即充分考虑企业与学校的需求和相关要素，站在最高层次上对校企合作进行全局性的构想，并将校企合作的总体规划和整体理念具体化。其二，中央政府制定相应的支持性政策，推动校企合作的稳定、长期发展。其三，中央政府制定的相关法规具有约束性的作用，能够对校企合作中企业、学校以及政府的行为进行规范、统一和保护，进而为校企合作提供必要的保障。

从地方政府这一政策制定的主体来看，地方政府主要从两个方面影响校企合作。其一，地方政府对行业发展的重视程度。电子商务行业目前处于快速发展的态势，其在社会发展中发挥的作用也日益凸显。所以地方政府都在大力提倡、发展电子商务，相关分析在本书第一章中笔者已经做了详细论述。对于地方政府来说，只有重视电子商务行业的发展，才能进而重视电子商务人才的培养与电子商务企业的健康发展。其二，地方政府对中央政府政策的落实情况。从近几年这样政府颁布的文件来看，中央政府对校企合作模式的支持力度很大，并且多次在文件中指出要促进校企合作。但地方政府是落实中央政策的主体，如果地方政府能够切实将中央政府的政策落实到地，无疑会推动校企合作模式的实施。以山东省为例，山东省政府为深入贯彻党的十九大和全国教育大会精神，促进、规范和保障职业学校校企合作，发挥企业重要办学主体作用，构建产教融合、校企合作、工学结合、知行合一的共同育人机制，建设知识型、技能型、创新型劳动者大军，弘扬传承工匠精神，培育齐鲁工匠，完善现代职业教育制度，制定了《山东省职业学校校企合作促进办法》，对推动职业学校的校企合作发挥了积极的作用。

2. 市场经济因素（E）

校企合作的产生、形成过程中的社会经济发展状况和国家经济战略统称为市场经济环境因素。如果从经济学的角度分析，校企合作其实可以看作是一个微型经济体，是在市场经济体制下的一种特殊经济行为和产业发展模式。由此可见，校企合作从产生到发展总是在市场的大经济环境下进行的，所以自始至终都会受到市场经济环境中的各种因素的影响。另外，校企合作的最终目的是获得一定的收益，这些收益最终会对市场产生反应。举例来说，学校的收益是资源的积累以及培养合格的人才。资源的积累可以帮助学校持续培养合格的人才，而这些合格的人才能够满足市场的要求。由此可见，校企合作与市场经济有着千丝万缕的联系，所以也必然会受市场经济因素的影响。

3. 社会环境因素（S）

社会环境是影响人的心理和活动及其社会过程的社会系统，家庭、学校、团体、组织、社区、社会、文化等是其重要的组成部分。[①] 社会环境因素是诸多外在环境中最为复杂的因素，所以为了便于分析，笔者将此处的社会环境因素限定在社会文化环境因素范围内。社会文化是指人类在长期发展历程中所积累形成的受教育水平、特定价值观念（伦理道德规范、审美观念、宗教信仰及风俗习惯等）、人口因素、行为方式、文化传统、社会流动性消费心理等内容。社会文化包含的内容中，每一点看似与校企合作都无关，但仔细分析便会发现，它们又都会对校企合作产生一定的影响。以受教育水平为例，一个地区人口受教育水平的高低在一定程度上影响着他们的认知，包括对校企合作的认知，而这种认知与校企合作的深化程度呈正相关的关系。总之，社会环境因素也是影响校企合作的一个重要的外在因素。但由于该因素太过复杂，所以笔者便不用过多篇幅对其做系统分析，在此仅做简要论述。

4. 科学技术因素（T）

在现代社会，科学技术的重要性不言而喻。作为社会生产中最活跃的因素，科学技术的进步对社会发展产生着重要的影响。具体到校企合作中，科学技术同样是一个重要的影响因素。首先，科学技术的发展能够改变校企合作的方式。以当前发展的信息技术为例，借助信息技术，学校与企业之间能够更高效地进行互动，而互动效率的提高无疑能够推动校企合作的实施。其次，面对科学技术的快速发展，无论是学校还是企业，都存在追求技术发展的愿望。因为只有在技术上跟上时代发展的潮流，学校才能在人才培养中取得更好的成果，企业也才能赢得更多的利益。前文提到，学校和企业存在资源互补的关系，这种互补性有助于双方科技的发展，满足双方对科技发展的追求，所以能够推动校企的合作。

上述四个外部环境因素不是相互独立的，而是彼此联系、彼此影响的，并共同对校企合作的开展产生影响。

① 王思斌. 社会工作导论 [M]. 北京：高等教育出版社，2004：102.

第三节　校企合作电子商务人才培养策略

一、发挥政府主导性作用

在校企合作中，政府扮演着统筹者和引导者的角色。虽然政府对校企合作不能过多地干涉，要保证市场的活力，但政府需要发挥其主导性作用，才能促进校企合作健康、可持续的发展。具体来说，政府主导性作用的发挥体现在以下几个方面。

（一）加大对校企合作的宣传力度

在信息化时代，人们获取信息的渠道越来越多，每个人同时也都成了舆论的发起者。尤其是在这个自媒体时代，每个人都可以将自己的看法通过一些公众平台传播出去。但面对众多的信息，哪些信息是准确的，哪些信息是虚假的，公众有时候很难分辨。而在众多信息发布者中，政府无疑是最具权威性的，其发布的信息也更有权威性，这些信息能引导人们对某方面的信息形成正确的认知。校企合作作为一种有效的人才培养模式，在当前的教育中发挥着越来越重要的作用，但很多人、组织、企业对校企合作的认知仍然不足，认为校企合作就是消耗企业的资源为学校培养人才，这在一定程度上影响了企业参与校企合作的积极性。其实，校企合作是一种“双赢”的发展模式，学校和企业都能够在校企合作中获得自身所需要的利益。基于这一基础，政府应该在权威媒体以及其他公共平台加大对校企合作的宣传力度，尤其是要宣传深化校企合作的政策，加强宣传动员和舆论引导，营造一个全社会理解、支持、参与的校企合作的良好氛围。

（二）加强政策与资金支持，推进校企共赢

除了进行宣传动员和舆论引导之外，政府还应该切实制定一些支持校企合作的政策，使政府支持从口头落实到实际的文字中。其实，通过分析近些年政府关于职业教育的政策不难发现，政府对职业教育的重视程度与日俱增，对职业学校校企合作也有具体政策上的支持。

另外，除了政策上的支持之外，还可以面向企业与学校给予一定资金上的支持。因为企业参与到校企合作中，需要提供设备、场地以及人力支持，以完

成对实习学生的教育和培训。而这些支持必然会产生资金上的投入，虽然后续产生的一些效益可以弥补企业前期的资金投入，但如果能够在前期便给予企业一些资金上的支持，无疑能够极大地提高企业参与校企合作的积极性。当然，资金支持并不一定要直接给企业拨款，可以采取的方式有很多，如资源补充、财税减免、用地以及劳务补助等优惠政策等。

（三）站在宏观视角上进行规划布局

从某种层面上来说，校企合作是政府编制社会发展规划纲要时要考虑的内容，是社会规划发展整体战略中的一个“分战略”。但这项“分战略”也是一项系统的工程，一项涉及众多学校和企业的系统工程。在这项工程中，学校和企业是参与者，他们的任务是从具体的层面去落实，保障校企合作这项工程能够落实到地。而政府作为宏观统筹者，他们的任务则是站在宏观的视角对校企合作进行统筹规划，对其进行整体性的布局，并制定宏观的实施方案，形成路线图，从而更好地引导社会各界参与到校企合作之中。其实，对于企业和学校来说，作为校企合作的具体参与者与实施者，如果有宏观上的规划布局，他们在落实具体的方案和行动时，就能够有更加明确的方向，也自然能够更快地推动校企合作的进程。因此，政府要站在宏观视角上，对校企合作进行战略性的规划布局，为校企合作建一座指引方向的“灯塔”。

（四）健全考评体系，完善监督制度

在前文论述校企合作原则的内容中，笔者便简单阐述了政府监督的原则。其实，在我国现有的产业体系中，为保障市场的活力，政府往往不会过多干预，但为了保障市场的有序进行，政府的监督不可或缺。为了推动校企合作的发展，政府常常会给予企业和学校资金上的支持。但有时一些企业和学校仅仅将关注点放在资金的获得上，用形式化的校企合作骗取资金。这样不仅会造成资金的浪费，还可能会抢走那些真正想实施校企合作的企业和学校的机会。因此，政府在制定支持政策以及提供资金支持的基础上，还需要健全考评体系，严格考量校企合作的质量。对于取得较好成果的学校和企业，政府可以将资金支持落实到位，并将其树立为典型；对于评估中发现问题的企业和学校，要对其进行批评教育和处分，如果情节严重，还可以对其依法进行处罚。正所谓“不以规矩，不能成方圆”，只有支持和约束同步实施，才能保证校企合作这棵“树木”茁壮、笔直地成长。

二、发挥学校主体性作用

无论对中职院校电子商务人才培养工作本身来说，还是对电子商务行业的整体发展而言，校企合作都能够发挥不可取代的作用。而在开展校企合作时，学校需要通过科学规划课程体系、搭建实训系统、提升教师专业素养及开展项目合作等方式，为学生提供更多的实践机会，以最终提升学生专业素养，为社会输送大量高素质的人才。

（一）科学规划电子商务课程体系，配合校企合作的实践模式

为了推动校企合作模式的深入推进，中职院校首先需要科学规划电子商务专业的课程体系，以使学生的理论知识能够满足社会工作的需要，进而培养高素质的电子商务人才。为此，学校与该专业的管理者需要基于自身的办学目标搭建强大的教学保障体系，为该专业的教学与实践等活动提供巨大的支撑。而在开展课程体系改革与重组时，管理者需要充分认识到组织、基础设施、校园环境、教学理念及制度等的重要意义，并在这些方面给予最可靠的保障，以推动电子商务教学活动的顺利开展及校企合作模式的实践落实。唯有学校与专业管理者对校企合作有一个正确的认知，能够给予制度与基础设施等方面的保障，才可以顺利推进校企合作的实施。而在开展此项工作时，管理者需要始终秉持着认真负责、科学合理及公平公正的态度，真正为社会输送高素质的人才资源。

（二）搭建完善合理的合作实训系统

校企合作最为重要的组成部分便是当地企业能够为学生提供实训基地，为学生创造全面的实践机会。因此，搭建完善合理的实训系统便成为校企合作模式的关键构成。在搭建电子商务专业的实训系统时，学校需要真正为学生创设符合企业工作活动的基础设施及教学环境。譬如，依据电子商务人才培养的具体要求及表现，学校可以创建商品拍摄、美工、店铺推广及客服等各个方面的工作室，以使学生真正有机会接触社会工作内容，从而逐渐提升其专业实践素养。而在专业内部的管理层面，学校可以按照企业的管理规范建立相应的奖惩等制度，并采取团队负责的方法进行管理，即一个负责人管理一个团队。在具体教学过程中，教师也需要根据学生表现出的专业水平实时调整实训的内容，或者采取因材施教的教学方法，根据每一名学生的优点，促使其在各自的领域中充分发挥自身的长处。此外，当地企业也需要为学生提供定期实训的基地，使其参观并实际参与到企业相关活动中，并为其提供

顶岗实习机会，以逐步提升学生的社会工作实践能力。

（三）切实提升教师队伍的专业素养与整体水平

教师的专业素养直接影响着人才培养的最终效果，而对包括电子商务专业在内的校企合作模式来说，“双导师制”是其中的主要内容。学生不仅可以跟随学校教师学习理论知识与技能，还有机会跟随当地企业的工作骨干学习经验。为了推动电子商务专业校企合作模式的深入践行，中职院校需要与当地企业建立密切的合作关系，使企业能够接纳学校教师定期到企业中进行培训学习，以此切实提升教师的专业素养与教学水平。此外，学校也可以要求当地企业向学校输送工作骨干，定期为学生讲解专业知识及工作经验、注意事项等内容，以保证学生能够最大限度地接触社会工作。

（四）建立校企合作制度，开展项目管理合作活动

无论是学校派往当地企业的教师，还是从当地企业选拔出来的工作骨干，都是校企合作过程中的重要桥梁。为此，学校与企业都要时刻注意保持专任教师的工作积极性。譬如，学校可以根据合作项目的规模、数量及难度、经济收益等要素给予教师一定奖励，并依据在校企项目合作过程中教师的考勤、具体表现、记录及完成情况，对教师进行整体考核与评价。

三、调动电子商务企业参与的积极性

政府政策与资金支持除了对学校有一定的激励作用之外，对企业同样也能够起到一定的激励作用。除此之外，还可以通过如下几种方式来调动企业参与校企合作的积极性。

（一）充分发挥电子商务行业协会的作用

电子商务协会是由从事信息化及电子商务产业研究、经营、管理、应用等领域相关机构共同发起，经中国政府机构核准登记注册的非营利社团组织。协会以推动信息化及电子商务应用与发展进程，营造电子商务应用、发展的环境和氛围，凝聚人才、共谋发展、促进行业的管理和自律为己任；在政府和企业之间、企业与企业之间、企业与社会之间发挥纽带和桥梁作用，服务企业、服务政府、服务社会，推进信息化及电子商务的广泛应用与发展。学校作为人才培养的一个重要场所，其电子商务专业与电子商务行业在电子商务人才培养上具有目标的一致性，而相较于学校来说，电子商务协会对企业的了解更为深入，

与企业的沟通也更为简单，通过电子商务协会这一桥梁，无疑能够促进企业与学校的沟通交流。

当然，作为电子商务行业信息的引领人与聚集地，在促进校企合作上，电子商务行业协会不能仅仅简单发挥一个桥梁的作用，而是要突破第三方的局限，使自己成为促进校企合作的一个主体。电子商务行业协会可以充当促进校企合作的主体，是因为从学校的角度来看，电子商务行业协会在对市场的了解上更为透彻，能够为学校人才培养提供指导；从企业的角度来看，电子商务行业协会对各企业具有较强的辐射力与影响力，有引导企业参与校企合作的能力。因此，笔者认为电子商务行业协会要充分发挥其影响力与辐射力，充当促进电子商务专业校企合作的一个主体，积极引导企业参与到校企合作中，并在此基础上制定校企合作的管理规定，明确学校、企业双方的义务、权力归属；同时，定期对校企合作的成效进行评估和调整，从而促进电子商务专业校企的深度融合。

（二）建立常态化的校企沟通机制

从学校与企业长远发展的角度来看，如果能够建立长期的合作机制，学校与企业无疑会获得更多的利益。但就目前校企合作的现状来看，一些企业持观望态度，常常采取短期合作的方式，如果没有从合作中获得理想的效益，便会终止与学校的合作。另外，在校企合作的过程中，学校与企业之间难免会产生利益上的分歧，这也容易导致合作破裂。因此，为了维持和调动企业参与校企合作的积极性，校企之间必须要建立起常态化的沟通机制，保障双方能够及时有效的沟通，找准双方利益的共同点，使校企双方都能够在校企合作中实现利益的最大化。具体而言，校企常态化沟通机制的建立可以从如下两点做出思考。

第一，加强校企双方信息上的交流。在校企合作的过程中，学校如果在校企合作相关的人才培养政策、制度上发生改变，应该及时与合作的企业沟通，说明制度、政策变化的方向，并最大限度与企业达成人才培养理念上的一致性，避免分歧的出现。市场之中的企业无疑比学校更加了解市场的情况，企业要将其所了解的市场信息传达给学校。学校依据企业提供的市场信息，在与企业沟通的基础上对人才培养方案作出修改和完善。对于企业提供的市场信息，学校应予以高度的重视，并听取企业给出的人才培养建议，使制定的人才培养方案是建立在校企双方共同利益点的基础上，这样才能使校企双方在共同利益的驱动下保持合作的积极性，并促进校企合作的可持续发展。

第二，加强校企双方人员上的往来。在校企合作中，学校与企业除了进行信息上的沟通之外，还应该加强双方人员上的往来，即让校企双方的工作人员进行定期的交流，同时派遣己方人员到对方的场所学习。对于学校与企业的工作人员而言，双方在对电子商务专业知识与技能的认知上各有侧重，学校工作人员偏重理论，对知识的掌握更加系统；企业工作人员偏重实践，对知识的掌握虽然不够系统，但对某一方面知识或技能的认知更加深入。由此可见，校企双方工作人员彼此存在很多可以相互学习的地方，所以定期组织双方人员进行交流，对双方工作人员的成长与发展具有非常积极的意义。另外，学校可以定期派遣一部分教师到企业进行实践学习，提高教师实践教学的能力；企业可以定期派遣一些理论知识比较薄弱的员工到学校学习，一些实践能力较强但理论知识较为薄弱的员工在大量的实践后，能够对实践理解得更为透彻，从而取得进步。

第四节　校企合作电子商务人才培养案例

一、案例概述

为贯彻落实《国务院办公厅关于深化产教融合的若干意见》和山东省教育厅、财政厅《关于实施山东省职业教育质量提升计划的意见》，山东省济南商贸学校（以下简称我校）积极与山东智捷电子商务有限公司开展深层次校企合作，推进电子商务专业真实应用驱动教学模式改革，导入企业“小智商城”App移动电商运营平台，按照“真实环境、真学真做、掌握真本领”的要求展开真实运营实训教学，激发学生学习兴趣。我校将电子商务专业的教学改革和实际应用实践与企业真实的商务操作相结合，让学生深入了解电商全产业链岗位群人才需求和技能要求标准，促进教育链、人才链与产业链、创新链有机衔接，搭建电子商务专业产教融合示范点。具体如图 4-1 所示。

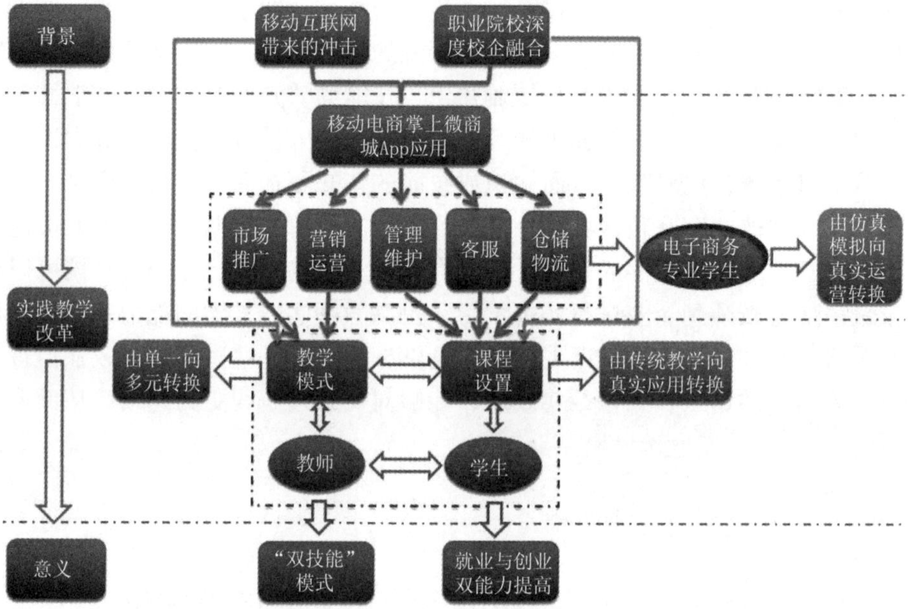

图 4-1 校企合作实训教学结构图

二、我校校企合作的背景分析

2015 年 5 月 7 日，国务院发布《关于大力发展电子商务加快培育经济新动力的意见》（以下简称《意见》），明确指出要大力发展电子商务，降低电子商务准入门槛，加大金融服务支持力度，建立健全适应电子商务发展的多元化、多渠道投融资机制，促进就业创业，鼓励电子商务领域就业创业，加强人才培养培训等。

随着时代与技术的进步，移动互联网已经渗透到人们生活、工作的各个领域。随着 5G 时代的到来，移动电子商务成为各个产业链竞相争抢的“大蛋糕”。其可以为用户随时随地提供所需的服务、应用、信息和娱乐，同时满足用户及商家从众、安全、社交及自我实现的需求，因而深受用户的欢迎。

在移动互联网的大背景下，为适应社会经济发展的新要求，学校加速培养优秀的电子商务专业人才就变得十分重要。而要培养适合社会经济发展需求的高质量电子商务人才，就要加快改革目前电子商务专业人才培养模式，因此改变教育教学模式势在必行。我校电子商务专业人才培养与电商企业展开积极合作，引企入校，实施校企“双主体”育人。通过教学设计，将电商企业运营管理各个环节转化为学生综合实训项目，让每个学生都有机会体验真实的运营模式，积极推进产教融合，以产促教。如图 4–2 和图 4–3 所示，分别为我校“小智商城”一期班的开课典礼与结课仪式。

图 4–2　开课典礼

图 4–3　结课仪式

三、我校开展校企合作的意义

电子商务是一门实践性很强的专业，非常适合进行全真教学的实践。我校将“小智商城”App 作为真实应用项目导入职业教育体系，这是职业教育“项目主题式”教学模式在移动互联网的浪潮推动下的一次升级。它跨越了仿真教学的局限，实现了全真教学的实践。同时，真实应用驱动实训教学改革不仅是实现产教深度融合、校企深度合作的一个重要的过程，也是回归职业教育本质的一个重要步骤。

通过校企深度合作，首先，合作的输出结果可以推动教学模式改革。“项目主体式”的教学模式本身就是一种基于工作过程的，以项目为载体、以主题任务为单位、以具体任务的完成为途径的新型教学模式。它试图通过教学项目的重塑、主体任务的再构和主体任务的匹配等措施来建构学生在职业实践活动中所需要的实践知识、操作技能和职业情操，使学生积极参与体验工作任务，并在工作的完成过程中体验到成功的喜悦和团队的力量，变“要我学”为“我要学”。其次，教师通过深入企业学习最前沿的商务运作流程，将现实的商业模式与教学模式进行融会贯通，改变之前传统的教学方法，将社会发展所需的实际技能融入教学课程，提高教学质量和有效性，转变职教教师的教学理念和教学方法，提高教师的自身素质和职业素养。最后，学生通过真实参与，可以提升自身的就业和创业能力。学生不仅能在实践问题及困难的解决过程中实现理论知识与实践知识的有机结合，圆满实现行动导向教学过程的任务，即职业教育“真实应用下的项目主题式”教学方案实施阶段的任务，还能够通过教师的引导，训练自身对移动互联网新技术信息的抓取的主动学习，实现从 0 到 1 的自主学习。

具体来说，对学校的意义如下：

（1）有利于学校电子商务专业人才培养模式研发、改革和课程体系开发、更新。

（2）有利于提高学校电子商务专业学生整体就业质量和自主创业能力。

（3）有利于学校专业化师资队伍培养，提升教学水平和有效性。

（4）有利于学校特色专业的建设和推广，提高办学能力和办学水平，可提高学校的知名度，扩大未来招生生源。

对学生来说，意义如下：

（1）毕业后，学生获得“学历”+“实战技能”双重就业保障。

（2）参与纯商业项目，有利于学生角色的转换，提高学生职业素养和就业能力，形成职业化的工作方法和团队协作的工作方式，帮助学生形成满足现代化的复合型人才要求的操作技能，使学员顺利完成从“学校人”到“企业人”的飞跃。

（3）了解、掌握电子商务行业前沿实用专业技术和电子商务全产业链运作流程。

总之，这种教学模式培养出的学生可以较快适应行业企业的用人需求，适应社会经济的高速发展，是实现学生、学校、企业和社会发展的多赢方式。

四、我校开展校企合作的运营模式

（一）进行调研和分析

从产业、行业、企业、职业调查入手，根据毕业生的就业部门、就业岗位（群），通过专业调研和邀请企业专家、技术能手参与等方式，进行电子商务工作过程分析以及电子商务工作任务和职业能力分析。按照岗位和职业能力要求，引入电子商务行业标准和生产性内容，建立以职业化（职业化心态、职业化技能、职业化行为习惯）为主导的课程体系，把电子商务职业资格培训课程融入专业教学计划和教学过程。

（二）搭建实训环境

搭建电子商务实训室以及电子商务工作室，从管理到教学全部校准化，实行公司化运营机制，创建最真实的企业环境。上课之前，学生们通过身份认证后进入实训教室（图 4-4）。授课教师是合作企业里具有丰富经验的员工，课程的教学方式以带动学生的兴趣为出发点，以小组合作的方式完成实训课程大纲及教学任务。这种教学方式可以增加学生之间的团队合作精神，使学生可以适应社会企业的团队化趋势。真实的电商公司工作环境实训让学生从中逐渐了解各工作岗位的工作方式与职责，从而在未来毕业后对企业环境及工作不会感到陌生，以便在未来的职业中得到良性的发展。

图 4-4　实训教室

（三）实训教学的内容

1. 提升职业素养

把职业素养和工匠精神融入实训过程的每一个环节，使学生树立正确的工作观，努力把工作做到极致。建立相关实训管理制度（5S），包括学员日常行为管理制度、实训室管理细则和5S管理制度等。实行阿米巴管理机制，实现全体员工共同参与经营的全员参与型经营，并在实训的过程中引入竞标机制（主要针对经销权），由学生成立的阿米巴小组来竞争小智商城商品的销售权。在竞标之前，学生需要完成市场调研、分析商品的价值，然后根据自身条件制定销售方案，制作竞标书PPT，在实训第三周进行竞标演讲。

2. 对接专业发展方向

在实训过程中，教师对互联网的发展和移动互联网的发展进行详细介绍，介绍电子商务架构，并对电子商务公司岗位职业进行详细说明，使学生对企业真实岗位职业有更深刻的认识。

3. 引入专业教学平台

利用校园电商平台“小智商城”，模拟电商企业真实运营，使策划、推广、美工、摄影、会计、仓管、物流等专业知识在实训中得以整合和运用。培养学生职业化素养，缩短与用人企业岗位的距离，使学生更快地适应未来的工作。从根本上改变传统的教学模式，推行“以技能为中心，以学生为中心，以实践为中心”的教学模式，做到学校教学环境与企业生产环境相对接，学校育人理念与企业用人理念相对接，学校评价标准与企业评价标准相对接，从而全方位塑造我校电商专业学生职业化心态、职业化技能和职业化行为习惯。

4. 强化技能实操课程

结合企业电商运营实际情况，按照岗位需要设计技能实操课程，切实提高学生动手能力及岗位技能。具体内容如表4-1所示。

表4-1　电子商务专业实训内容

实训内容	实训任务
核心素养	职业素养
	工匠精神
	实训管理制度
	阿米巴管理机制
	竞标机制

续 表

实训内容	实训任务
电子商务发展与方向	互联网发展介绍
	移动互联发展情况
	电子商务公司架构
	电子商务公司岗位说明
电子商务技能实操	网店商品拍摄（30 节）
	网站美工（90 节）
	市场营销与推广（12 节）
	仓储及出入库管理（12 节）
	物流管理（12 节）
	供应商管理（6 节）
	电子商务会计事务（12 节）
	商务礼仪（12 节）
	路演技巧（6 节）
	淘宝开店流程（6 节）
	淘宝店铺推广（6 节）
小智商城实训	前台部分（5 个实训任务）
	后台部分（10 个实训任务）
电子商务专业就业创业指导	就业指导（10 个实训任务）
	创业指导（10 个实训任务）

5. 加强就业创业指导

就业创业实训内容的引入，能使学生意识到确立自身发展目标的重要性，增强学习的目的性了解自我。与此同时，教师引导学生制定个人职业生涯规划，有针对性地提高自身素质和技能。此外，就业创业实训课程还有助于学生了解创业基本知识，培养学生创业意识与创业精神，提高学生创业素质与能力，为学生将来走向工作岗位打下牢固的基础。

6. 建设移动信息化平台与核心课程数字化教学资源

（1）为学生提供了掌上校园 App，用于实训。

（2）对微商、视觉营销等专业核心课程进行微课的录制和 PPT 以及 Flash 动画等教学资源的建设。

五、我校校企合作取得的成绩

（一）在“移动互联网”潮流下，教师教学方法得到了改进

在传统电子商务模式下，职教教师的教学方法可以较好地巩固电子商务专业学生的理论知识。但是随着“互联网＋”时代的到来，移动电商迅速蔓延与渗透，传统的注重课堂教学的教学方法已无法适应高速发展的移动电商趋势。因此通过与企业深度合作，教师深入企业商业运作模式第一线，学习、体验真实的移动电商运营全流程，并将切身经验与目前的课程设计相融合，改善陈旧的、无法适应时代潮流的单一教学方法，形成了适应现代的、顺应潮流趋势的多元教学方法。另外，教师在深入企业学习和改进教学方式的过程中，提高了自身素质，从而也提高了整个教师队伍的综合素质。

（二）通过真实的项目模块设置，激发了学生的学习兴趣和职业兴趣

学校将通过该平台建立起移动电商商业运作“真实环境”，使我校电子商务专业学生可以“真学真做”，引导学生转换角色，进入企业真实的开发运营项目情境中。

（1）按照企业真实的技术水平及商业运营水平，构建了“真实应用下的项目主体式”教学模式，形成了项目驱动、任务导向的教学理论和实训课程。

（2）根据企业开发及运营的真实业务流程，设计了教学实训空间，如摄影棚、会议室、创客区等。

（3）根据企业真实的文化氛围、从业标准、执业规范、行为准则等，设计了对应的岗位职责说明书。

（4）根据企业真实商业的经营理念，将企业的产品研发、市场规划、营销策略分模块设计对应课程，设置了对应的项目组任务，企业与校内教师、学生共同完成项目任务。

（三）提升了学生就业竞争力与创业能力

学生通过参与“移动电商”实践项目，在体验全真的商业运作全流程的过

程中，将理论知识与现实情况相结合，及时发现了自身不足，快速弥补了知识缺陷，提高了自身的专业素质以及就业竞争力和创业能力。

（四）建立了以就业为导向的教学评价体系

评价方法与企业评价相对接，把企业评价标准和方法融入学生学业评价中，引导教师和学生按照企业要求进行教学，促进了教学质量的提高。

六、我校校企合作的典型性分析

（一）创新点

第一，将最前沿的移动互联网技术引入了教学，使“项目驱动、任务导向”教学模式在电子商务专业得到了深入应用。

第二，启动了教师“双技能”培养模式，将商业化运作教学实践与教师传统教学模式进行结合。

第三，将就业需求及创业训练引入教学，构建了移动互联网环境下的新型人才培养模式。

第四，吸引企业进驻学校进行紧密合作，并将移动电商真实应用导入了教学资源。

（二）效益

第一，契合移动互联网时代的社会经济发展需要，满足了移动电商对专业人才的需求。针对电子商务专业进行教学模式改革，不仅提升了该专业学生的就业能力，而且促进了该专业学生自主创业能力的培养与开发。

第二，开展真实应用驱动教学模式的改革，保证学生真实参与、切身体会，实现了理论与实践的高度结合；企业通过深度参与，了解了学生欠缺的基本技能，并进行有针对性的培养和训练，以期适应企业未来的用工需求。

第三，真实应用驱动教学模式也为其他职业学校提供了参考，具有理论指导和实践借鉴意义。

第四，学生可依托移动电商真实应用的推广与企业机构合作达成创业。

第五，学生的实战经验可在校园及社区进行实际商业推广。

（三）受益范围

实施范围为电子商务专业教师及学生。具体受益范围有以下四个方面。

第一，学校形成了电子商务特色专业的建设及推广，形成了该专业人才培养模式的研究与实践，并可进行与应用相结合的课程体系的建设。

第二，学校完成了师资队伍的商业实践改造，教学模式有了多元化的发展，拉近了教学内容与社会实践的距离。

第三，其他职业学校通过来我校参观学习，陆续计划甚至开始建设基于真实应用的电商、计算机等专业的实训课程。

第四，通过“移动电商项目”的应用设计及运营的全程导入，学生掌握了行业前沿实用专业技术和全产业链运作流程，获得了“学历”+“实战技能”双重就业保障，提高了就业竞争力。

第五章　创业型电子商务人才培养

第一节　创业与创业教育解读

一、创业

（一）创业的概念

1. 创业的定义

对于什么是创业，不同的人有不同的认知。斯蒂文森认为：“创业是一种管理方式，即对机会的追踪和捕获的过程，这一过程与其当时控制的资源无关。”他还进一步指出，创业可由以下七个方面的企业经营活动来理解：“发现机会、战略导向、致力于机会、资源配置过程、资源控制的概念、管理的概念和回报政策。”① 蒂蒙斯认为：“创业是一种思考、推理和行动的方法，它不仅要受机会制约，还要求创业者有缜密的实施方法和讲求高度平衡技巧的领导艺术。”② 霍华德 · H. 斯蒂文森强调了创业的本质，即创业的本质在于把握机会，不是等到资源齐备后再去寻找机会，是机会在先，资源整合在后；蒂蒙斯既强调机会的重要性，也强调创业者实现创业并创造价值的方法，这是上述两种定义不同的地方。另外，精细管理工程创始人刘先明认为，创业是指某个人发现某种信息、资源、机会或掌握某种技术，利用或借用相应的平台或载体，将其发现的信息、资源、机会或掌握的技术，以一定的方式，转化、创造成更多的财富、价值，

① 吴卫斌，段永田 . 创业教育 [M]. 东营：石油大学出版社，2007：3.

② 赵观兵，万武 . 小微企业创业要素机制耦合与扶持系统研究：以江苏省为例 [M]. 镇江：江苏大学出版社，2018：12.

并实现某种追求或目标的过程。[①] 在综合众多学者和业界人士对创业的定义之后，笔者认为创业应该是个人或团队通过寻找并把握各种商业机会，投入相应的知识、技术及其他社会资本，创建新企业，为消费者提供产品或服务，具有创新或创造性的、以增加财富为目的的活动过程。

2. 创业的理解

虽然不同的学者和业界人士对创业的定义不同，但综合创业的诸多定义之后，笔者认为可以从如下三个方面理解创业。其一，创业需要创业者付出大量的时间和精力。因为创业是一个复杂的过程，创业者在这个过程中需要付出极大的努力。尤其是在创业的初期，创业者往往需要投入非常大的精力，而且该阶段往往看不到太多的回报，环境也是相对艰苦的。其二，创业不可避免地存在风险，关于这一点，无论是否有过创业经历，想必每个人都有一定的认知。创业的风险以不同形式存在，但综合来看，创业风险的存在形式有人力资源风险、技术风险、外部环境风险、市场风险、财务风险、合同风险、精神方面的风险等。另外，很多风险都是不可预知的，也不是人力可控的，所以创业者必须要做好承担创业风险的准备。其三，创业的回报也是较为可观的。创业的回报一方面体现在个人能力的提高上，另一方面体现在物质财富的积累上，它是吸引很多人创业的一个重要的动机。

（二）创业的类型

了解创业的类型，有助于教师更好地指导学生创业，也有助于学生选择适合自己的创业类型。从不同的角度进行划分，创业的类型也有所不同。

1. 依据创业的动机进行划分

依据创业的动机进行划分，创业可分为生存型创业与机会型创业两种。

（1）生存型创业。生存型创业的目的是谋生，其原始动机的产生或是自愿或是被迫。由于该种创业类型与就业类似，有时也称就业型创业。该种创业类型一般规模较小，大多属于模仿性或尾随型，且创业项目多集中在服务业，没有创新的需求。

（2）机会型创业。机会型创业与生存型创业的动机不同，不是为了谋生，而是为了能够抓住并充分利用市场机遇，其指向的是新市场、大市场。机会型创业需要对市场有一定的敏感性，能够感知市场发展的趋势，并且往往需要有

---

① 张志宏，崔爱惠，刘轶群 . 大学生创新与创业训练教程 [M]. 北京：现代教育出版社，2017：86.

较大的投入，而生存型创业通常只需要较少的投入。机会型创业通常会带动新产业的发展，产生新的就业岗位，从而带动社会经济的进一步发展。

2. 依据创业的渠道划分

依据创业的渠道进行划分，创业可分为自主型创业与企业内创业两种。

（1）自主型创业。自主型创业是指创业者个人或团队白手起家进行创业，其创业的动机或是为了利益，或是为了实现自己的人生价值。自主型创业充满了挑战，但正是因为面对着重重的挑战，所以个人或团队的创造力能够极大地被激发。在全方位接触社会的过程中，个人能力能够迅速提升，并且在创业成功之后可以实现个人财富的快速积累。自主型创业的风险和难度也很大，这是使很多人不敢轻易踏上创业之路的一个重要因素。

（2）企业内创业。企业内创业通常指发展较为成熟的企业为了使企业获得可持续的发展，在本行业内进行的创新性创业，有时也会进行跨行业创业。从市场发展的角度来看，任何一个产品都有其生命周期，当产品进入衰退期之后，企业的生命周期也随之进入衰退期。如果企业不寻求产品的创新，那么企业便会逐渐走向衰亡。因此，企业需要不断进行企业内创业，只有不断跳出产品周期的怪圈，才能保证企业在连续的创业中延长企业的生命周期。

3. 依据创业的项目划分

依据创业的项目进行划分，创业可分为传统技能型创业、高新技术型创业与知识服务型创业三种。

（1）传统技能型创业。因为传统技能始终占有一定的市场优势，所以传统技能型创业具有长久的生命力。传统技能型企业包括服装业、酿酒业、食品加工业、工艺美术业等与人们生活息息相关的企业。

（2）高新技术型创业。高新技术项目就是一些高科技项目、知识经济项目，这些项目具有知识密度高、科技性强等特点。2018 年，国家重点支持的高新技术领域有电子信息技术、生物与新医药技术、航空航天技术、新材料技术、高新技术服务业、新能源及节能技术、资源与环境技术、高新技术改造传统产业八个领域。这些领域具有广阔的市场前景，但对技术的要求也更高。

（3）知识服务型创业。当前人类已进入知识爆炸的时代，人们面对的信息量越来越大。为了满足人们对知识信息的精准需求，满足人们节省精力、提高效率的需求，知识服务、信息咨询等企业应运而生，并不断地增加，如会计师事务所、律师事务所、管理咨询公司等。知识服务型创业是一种投资少、回报较为可观的创业类型，但对专业知识的要求较高。

（三）创业的基本条件

在社会发展的新阶段，创业已经成为当下的时代风潮。社会的发展为大众创业提供了广阔的天地，但创业毕竟不是一件简单的事情，要想创业成功，首先要满足以下两个基本条件。

1. 创业者需要具备一定的素质

创业对创业者的要求较高，创业者要具备以下几项基本素质：其一，在政治上要有较高的思想政治觉悟以及坚定的政治立场，这是包括创业者在内，每个人都应具备的素养。其二，在知识上要具有创业所需要的知识结构，包括专业知识、经营管理知识与综合性的知识，这样才能更好地应对创业过程中遇到的风险和困难。其三，在品质上要具备良好的道德品质与心理品质。道德品质是创业者要具备的基本品质，是赢得他人信任、获得市场口碑的基础。没有良好的道德品质，创业者很难创业成功，即便成功，也很难长久。而心理品质是创业者素质结构体系中的调节系统，如独立性、适应性、抗逆性等，只有具备良好的心理品质，创业者才能克服困难与挑战。

2. 创业需要在社会环境的允许下进行

创业活动是在社会大环境下进行的，受社会大环境的制约，这就要求创业在社会环境允许的条件下进行。例如，在改革开放初期，我国的社会大环境是发展社会主义市场经济，鼓励人们进行创业，此时各界人士纷纷“下海”创业，打开了我国经济发展的新格局。当前的社会环境是较为开放的，对创业者的态度是鼓励和支持的，但这并不意味着社会环境允许任何创业的行为，例如对黄、赌、毒等违法犯罪行为是严厉打击的。另外，对假冒伪劣、非法经营、欺行霸市、偷税漏税等行为也是严令禁止的。创业者在创业时，不能一味追求利益，而违反了社会规范，甚至国家法律。

二、创业教育

（一）创业教育的概念

“创业教育”是由英语“entrepreneurship education”翻译而来的。最早是由联合国教科文组织 1989 年在北京召开的“面向 21 世纪的教育”国际研讨会上提出的，主要指对青年的事业心、进取心、冒险精神等的培养。联合国教科文组织同时指出了创业教育的定义：创业教育，从广义上来说是指培养具有开创性的个人，它对于拿薪水的人同样重要，因为用人机构或个人除了要求受雇者在事业上有所成就外，也越来越重视受雇者的首创、冒险精神，创业和独立工作能力以及技术、社交、管理技能。[①]美国的百森商学院认为创业教育不是一种“企业家速成”，而应当着眼于“为未来几代人设定‘创业遗传代码’，以造就最具革命性的创业一代作为其基本价值取向”。[②]百森商学院注重的是培养学生的创业素质，强调对受教育者个性品质的培养，以显示创业教育与商业教育的区别。另外，我国学者毛家瑞、彭钢等人认为，创业教育是指以开发和提高青少年创业基本素质，培养具有开创性个性的社会主义建设者和接班人的教育，是在普通教育和职业教育基础上进行的具有独特功能和体系的教育。[③]综合众多学者对创业教育的定义，笔者认为创业教育就是以培养学生创业素养为目标的一种教育活动。该教育活动不是使每一位受教育者都成为创业者或企业家，而是让每一位受教育者都能够形成创业精神与创业能力。

（二）创业教育的内容

1. 创业意识

创业意识指对创业正确认识、理性分析和自觉决策的心理过程，是在创业实践中对创业者起推动作用的个性意识倾向。对于创业者来说，竞争意识、创新意识、合作意识、信誉意识、风险意识是不可或缺的五种创业意识。

（1）竞争意识。在市场经济的大环境下，竞争已成为一种常态，而且随着我国市场经济形态的不断发展，竞争也越来越激烈：从单纯产品的竞争到今天综合实力的竞争，从国内竞争到今天的国际竞争，从小规模竞争到今天的大规模竞争……作为创业者，应该对市场的竞争特征有一个充分的认识，并具备一定的竞争意识，做好竞争的准备。因为只有敢于竞争、善于竞争，才有可能取得创业的成功。

（2）创新意识。在知识经济时代，创新已逐渐成为主旋律，而创新意识也成为创业素质中的重要组成部分。对于创业来说，创新并不是不可或缺的，因为有些类型的创业不需要具备创新能力。但无论对于何种类型的创新而言，要想实现可持续发展，就不能不具备创新的意识。

① 宓小香．基于创业教育构成要素构建高职院校创业教育课程体系 [J]. 教育教学论坛，2013（50）：21-22.

② 凌文审．当代大学生职业生涯规划与管理 [M].2 版．广州：暨南大学出版社，2014：251.

③ 曲殿彬，张婧．创业教育引论 [M]. 长春：吉林人民出版社，2009.

（3）合作意识。在专业分工日趋细化的今天，合作意识与能力已经成为创业者不可或缺的能力之一。尤其对于一个创业团队来说，不仅要学会与团队内的人相互合作，更要学会与团队外的人合作。对于创业者来说，只有具备良好的合作意识，并积极与他人合作，才可能取得创业的成功。

（4）信誉意识。子曰：“人而无信，不知其可也。大车无輗，小车无軏，其何以行之哉。”（《论语·为政》）无论是做人还是做事，诚信都是立人之本，这是中华传统美德之一。在创业的过程中，创业者无论是面对合作伙伴，还是面对客户，都需要时刻保持信誉意识，与他人保持相互信任的关系，否则终会因为丧失信誉而丧失市场。

（5）风险意识。创业存在许多未知的风险。有些风险不受人为因素控制，但有些风险却可以凭借人力因素将其降到最低。而这就需要创业者具备一定的风险意识，能够及时预知风险，并建立相应的风险应急预案，以便能够更好地应对风险。

2. 创业精神

创业精神就是一种不受客观资源限制追求无限理想的精神。就创业来说，创业的体现形式是最终形成新的企业，是用有形的东西来凸显的；而创业精神则属于形而上的内容，即没有形成新的企业，但具有创新的行为，依旧可以说该个体或该组织具备创新精神。具体到中职学生创业教育上，中职学生需要培养的创新精神包含自信、自立、自主、自强四种精神。

（1）自信。自信就是个体对自我充满信心，这是创新精神的一个重要基础。因为创新往往需要打破旧的事象，这可能会引起很多人的反对或不理解。如果创业者不够自信，很可能会在他人的质疑或不解中最终选择放弃。

（2）自立。自立就是自我独立，即依靠自己的双手和智慧进行艰苦创业。这里的自立不是说拒绝与他人合作，合作是不可或缺的。自立也可以指一个创业团队的自立，即一个创业团队要有自己的主见。

（3）自主。自主就是要有独立的人格，不受外界环境和舆论的影响，不受世俗的偏见的影响，能够进行独立的选择并在选择后采取相应的行为。创业是一个艰苦的过程，在这个过程中，创业者可能会接收到来自外界的种种信息，受到外界的种种干扰。如果创业者不能坚持自我，受他人意见左右，最终只会迷失在他人的言语中，导致创业的失败。

（4）自强。自强指自我勉励，奋发图强。作为创业者，在创业的道路上难免会遇到种种的苦难与挑战。这既是对创业者的锻炼，也是对创业者的考验，而唯有自强，才能不断战胜种种困难，最终取得创业的胜利。

3. 创业能力

创业能力是在某个行业开创一番事业的本领或能力。优秀的创业能力是创业成功的必要条件，在很大程度上影响着创业结果。就中职学生的创业教育来说，中职学生需要培养的创业能力有专业能力、方法能力与社会能力三种。

（1）专业能力。专业能力是指与创业方向相关的主要岗位所要求的能力，这是创业能力的基础。因为只有具备专业能力，才可能对行业有深入的了解，才可能找到行业创业的商机，才能在创业的过程中充分发挥自己的创造力。

（2）方法能力。方法能力是指创业者在创业过程中运用可能用到的工作方法的能力，主要包括信息搜集与处理能力、市场机遇的捕捉能力、分析与决策能力、企业宏观布局能力、发现人才和使用人才的能力、理财能力等。在创业初期，很多事情可能需要创业者亲力亲为，只有具备多种能力，才能更好地应对产业初期可能遇到的问题。

（3）社会能力。社会能力体现在创业的各个方面与整个创业过程中，是产业能力的核心能力，也是创业成功的重要保证。社会能力主要包括人际交往能力、企业形象策划能力、谈判能力、合作能力、自我约束能力与适应变化和承担挫折的能力。对于中职学校来说，要求学生全部做到虽然有一定的困难，但也应重视。

4. 创业方法

创业方法就是在创业过程中所采取的有助于创业成功的方式方法。我国有众多的创业成功者，他们的成功为人们提供了各种各样可供参考的创业方法。了解和学习这些创业方法对于提高学生的创业能力具有非常积极的意义。下面简要介绍其中的几种。

（1）大赛创业。大赛创业就是借助创业大赛这一平台，为创业者提供一个曝光的机会，让更多人看到创业者的想法，从而为创业者赢得资金或其他方面的支持。目前，创业大赛更多的是面向大学生，因为大学生的知识储备更加系统。其实，中职阶段的学生同样可以采取创业大赛的方式锻炼学生的创业能力，所以可以适当增加举办中职学生创业大赛的频率。

（2）网络创业。网络创业就是借助网络资源进行创业，这对于电子商务专业来说是最为普遍的一个创业方法和渠道。目前，网络创业最普遍的方法就是网上开店，即入驻各种电商平台，建立自己的网店。目前，也有一些模拟网上开店的软件，对于中职学生来说，既可以用模拟软件模拟网上开店，也可以借助学校合作企业开设自己的网店，进行真实的操作。

（3）加盟创业。加盟创业就是以加盟的方式进行创业，这在人们越发重视品牌的今天已逐渐成为一种比较普遍的创业方法。对于创业者来说，打开市场、建立品牌口碑是非常困难的一件事情，而加盟创业免去了品牌口碑建立的过程。创业者通过加盟已经具有一定口碑的品牌，成立自己的店铺。而且加盟之后，总部会向加盟商提供一种独特的商业经营特许权，并给予人员训练、组织结构、经营管理、商品采购等方面的指导和帮助。虽然加盟可以免去创业者创业前期的很多烦恼与问题，但在选择加盟的品牌以及店铺的地址时要非常慎重，这两点是决定加盟创业能否成功的关键。

（4）概念创业。概念创业就是依靠创意进行创业，因为处在创意阶段，还未形成具体的事物，所以被称为概念创业。之所以会出现概念创业是因为当前的市场竞争非常激烈，当某个创业方向出现之后，很多资本会快速涌入，迅速瓜分该市场中的红利。在这种情况下，只有抢占先机，才能够抢占更多的市场。因此，便出现了概念创业，即凭借一个创意去吸引投资商的眼球，让投资商进行投资，然后用这些资本将创意变成现实。但并不是随便一个创意都能够吸引投资商的眼球。这些创意要具有前瞻性，能够开创某个行业或领域，而且也要具有操作的可行性。

（三）创业教育的作用

1. 创业教育是中职教育可持续发展的重要内容

教育的可持续发展是现代社会对教育提出的新的要求。因为教育是人才培养的主要手段，如果教育不能实现可持续发展，那么人才的培养也会不可避免地出现问题。对于中职教育来说，面对学生家长的要求，面对社会时代对人才的要求，面对普通教育培养的人才的竞争，职业教育不能将自己局限在技能教育的范畴内，要不断丰富其教育的内涵。创业教育作为一种备受人们青睐的教育，将其融入中职教育中，无疑能够起到丰富职业教育的作用，也无疑能够促进职业教育的可持续发展。

2. 创业教育是促进中职生全面发展的重要手段

技能教育是职业教育中的主要内容，但从前文对中职教育人才培养的目标来看，职业教育的人才培养目标应该是以技能为基础对学生进行综合性的教育，使学生能够实现全面发展的目标。创业教育作为综合性教育的组成部分，在强调“大众创业”的今天，其重要性愈加突出。通过创业教育，能够培养学生的创业意识、创业能力、创业精神与创业品质，这对于促进学生的全面发展意义匪浅。

3. 创业教育是提高中职学校竞争力的重要举措

虽然目前对职业教育的重视程度与日俱增，也强调要建设具有自身特色的职业学校，但中职学校中普遍存在同质化的问题，即教育模式、教育方向等趋于同质化。产业教育目前在高校比较普遍，但在中职学校较少。如果能够探索出一条有效的创业教育之路，有效提高学生的创业能力，无疑能够提高中职学校的核心竞争力。

4. 创业教育是缓解学生就业问题的有效渠道

对于毕业生和学校来说，就业是一个永恒的问题，这是衡量一个学校教育水平以及学生能力的重要标准。目前，“就业难”成了很多学校和学生焦虑的问题，而创业教育的开展无疑有助于缓解“就业难”的问题。首先，创业教育，可以提高学生的创业素养，这些素养不仅有助于创业，还有助于学生的职业发展，使学生的综合能力达到企业要求的标准，从而提高学生的就业率。其次，创业教育使学生具备创业的能力，并使一些学生走上创业的道路，这对于缓解学生就业压力同样能够起到一定的作用。

第二节　创业型电子商务人才能力体系

一、创业型电子商务人才能力体系构成

就创业型电子商务人才来说，其能力体系构成包括商务贸易能力、管理能力、技术能力和创业能力四点，如图 5-1 所示。

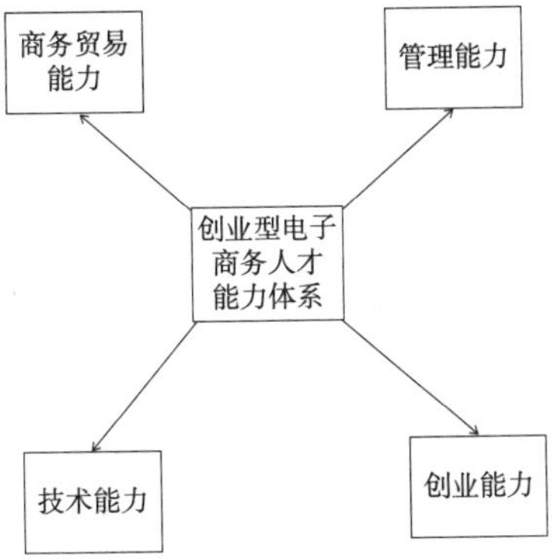

图 5-1　创业型电子商务人才能力结构图

二、创业型电子商务人才能力体系分述

（一）商务贸易能力

商务贸易能力包括网络销售能力、网络调研能力、数据分析能力、市场推广能力、外贸能力五种能力。

1. 网络销售能力

网络销售就是以互联网为依托，为达到一定销售目的而采取的一种营销方式。随着电子商务的发展，网络销售已经成为营销手段中非常重要的一种，同时，随着人们的消费心理的不断改变，传统的营销方式越来越不能满足市场发展的需求，所以越来越多的企业开启了网络营销之路。网络销售具有传播广、投入低等优点，尤其是随着信息技术的不断发展，网络销售传播的效率也随之提高，但成本反而在降低。所以企业要学会借助互联网覆盖面广、成本低的特点，积极推广品牌，逐步打造知名品牌。目前，网络营销已经成为企业盈利的重要手段，作为电子商务行业的创业者，本身就依托互联网，所以更不能缺少网络营销能力。

我国自20世纪末出现电子商务之后，在短短几年内便出现了电子商务专业，包括中职阶段的电子商务专业。在该专业中，构建网络销售课程的目的就是培养学生的网络销售能力。由于该能力的培养主要是通过实训实现的，对应的课程内容除了包括网络销售流程等基础知识外，还应该包含实训的内容，即通过实训环节的多次练习，使学生初步形成网络销售能力。另外，因为网络销售容易对从业人员造成较大的心理精神压力，所以还需要学生心理素质过硬，具备一定的抗压能力。因此，在课程教学中，还需要对学生刻意地进行一些抗压能力的锻炼，以使学生在未来创业的过程中能够承受较大的精神压力。

2. 网络调研能力

网络调研就是借助互联网平台进行调研的一种方法。传统调研方式多是通过人与人的直接接触完成的，这种调研方式耗费人力、财力，而且调研的周期也较长。互联网的出现打破了人与人之间的空间界限，借助互联网进行调研，大大提高了调研的效率。对于创业者来说，了解市场是一个重要前提，而调研便是了解市场的一个有效途径。因此，还需要培养中职学生的网络调研能力。网络调研看似简单，但只有调研者具备一定的调研能力，才能够收集到更多、更有效的数据。一般情况下，网络调研有以下几点需要注意，这几点也是学生调研能力培养中要注意的。

（1）针对市场和调查对象的范围，科学地设计调查问卷。

（2）结合调查问卷设计一些填卷奖励机制，这样才能调动调查对象的积极性。

（3）将传统调研和网络调研相结合。传统调研有网络调研所不具备的优点，能够做到网络调研中一些无法做到的事情，如对调研对象进行深入的采访，有助于调研结果更加全面，所以在采取网络调研的同时不能忽视传统调研方式。

3. 数据分析能力

数据分析是指采用一定的方法对收集来的资料进行分析，以便充分发挥资料的作用。通过数据分析，数据的价值才能放大。人们面对的数据往往是杂乱无章的，只有具备一定的数据分析能力，才能从杂乱的数据中获得对自己有用的信息。对于创业者来说，借助网络调研收集到大量的数据之后，还需要进行系统的分析，从中得到具有指导意义的信息。因此，对学生数据分析能力的培养也是不可或缺的。

4. 市场推广能力

市场推广就是为了提高企业的知名度，并将企业或企业产品信息传递给消费者，进而引起消费者购买的一系列措施。对于创业者来说，市场推广是一个必然的过程。因为只有具备一定的知名度，才能吸引更多消费者的关注，也才能借助品牌效应增强与消费者之间的黏性。在互联网时代，网络推广已经成为一种市场推广的重要手段。一些规模较大的企业常常会采取一些付费推广途径；而一些规模较小的企业或者还处在创业阶段的企业，常常会选择一些低成本的途径提高企业的知名度，如在各个公众平台注册账号，利用这些平台进行宣传。互联网的快速发展为创业者低成本进行市场推广提供了更多的机会和可能。但只有具备一定的市场推广能力，创业者才能够更好地利用互联网这个平台，从而实现品牌推广的目的。因此，中职学生商务贸易能力的构成中也不能缺少了市场推广能力。

5. 外贸能力

在经济全球化进程不断加快的今天，国际间的贸易已逐渐成为一个常态，尤其是随着跨境电商的兴起，国际贸易更是变得普遍。在这种背景下，外贸能力对于电子商务专业的中职生来说就显得非常重要。相较于国内贸易而言，外贸涉及的环节更多，操作起来无疑也更加复杂，对于中职毕业选择创业的学生来说存在一定的难度，风险无疑也更大。因此，在鼓励学生创业时，应该优先让学生选择国内的贸易。当自身能力发展到一定的阶段或者创业达到一定阶段后，再进入外贸领域。综上所述，学生外贸能力应作为一种次要能力进行培养，教学中可以将更多的课时放在其他四种能力的培养上。

（二）管理能力

管理能力包括运营管理能力、项目管理能力、客户管理能力、技术管理能力和协调沟通能力五种能力。

1. 运营管理能力

运营管理指对运营过程的计划、组织、实施和控制，是与产品生产和服务创造密切相关的各项管理工作的总称。作为企业三大职能（财务、营销、运营）之一，运营管理在企业管理中发挥着重要的作用，它是将企业的投入转化成产出的重要手段。对于管理者来说，电子商务企业的运营管理属于精细化的管理，与传统企业相比有着更高的管理难度。这是因为电子商务具有高度虚拟的特征，这种虚拟性使互联网上的客户变得不可捉摸，因此给从业者带来了更大的精神压力；另外，电子商务没有时空限制的特征也使从业者的时间、空间被压缩，增加了从业者的压力。从业者的压力最终都会通过某种方式传递给管理者。如果管理者不能够处理好这些压力，无疑会对企业的人力资源造成影响，进而影响企业的发展。因此，对于创业者来说，还需要具备一定的运营管理能力，这一能力也自然成为中职电子商务专业学生需要培养的能力。

2. 项目管理能力

项目管理就是在项目进行的过程中，运用一定的知识、工具、技能等对项目进行监测和管控，从而保障项目的实现。创业从某种层面上来说就是由一个项目开始的，项目的成功也便代表着创业的初步成功。所以，如何有效地管理项目，对于创业者能够创业成功发挥重要的作用。对于中职电子商务专业的学生来说，电子商务相关项目的管理需要了解电子商务项目实施运作的思路，包括项目的准备、项目的计划与实施、项目的收尾等。学生不需要掌握太复杂的知识与技能，这一点是教师需要注意的。

3. 客户管理能力

客户对一个企业的重要性不言而喻。尤其是对于创业者来说，如果能够在创业的初期赢得一批稳定的客户，便可以有效地帮助创业者渡过创业前期资本短缺的阶段。随着信息技术的发展，如大数据、云计算等技术的出现，客户管理也变得更加快捷。尤其是对于一些规模较大的企业来说，可以通过大数据分析将海量的顾客信息进行有效的分类，从而实现更加精准化的客户管理。对于电子商务行业的创业者来说，虽然没有足够的资金支持高新技术的运用，但同样要注意对客户的管理。对客户的管理涉及电子商务客户信息管理、电子商务客户服务管理、电子商务客户满意度管理等内容，所以相关课程的设置也可以围绕这几点展开。

续　表

4. 技术管理能力

就电子商务行业来说，创业者往往具备一定的技术基础，并借助自身技术进行创业。如果仅仅是一个人创业，不会涉及技术管理的问题；但如果是一个团队创业，或者当创业进入一个新的阶段，需要更多人加入之后，便会涉及技术管理。创业者需要通过自己对技术的理解，对团队进行技术分配、技术监督、技术指导等，从而提高整个团队的效率。对于中职阶段的学生来说，可以通过组建技术小组的形式锻炼其技术管理能力。

5. 协调沟通能力

一个优秀的团队必然是团结的。而要维持一个团队的团结，就需要团队管理者具备一定的协调沟通能力。因为在团队工作的过程中，可能会出现摩擦，也不可避免地会出现工作分配不均的情况。如果管理者能够在这些情况出现的时候进行有效的沟通和协调，便可以减少团队成员之间的冲突，从而保证团队工作效率维持在一个较高的水平上。协调沟通能力体现在两个方面，一是积极沟通，二是换位思考。中职阶段的学生接触社会较少，所以同样可以采取成立小组的形式锻炼学生的协调沟通能力。

（三）技术能力

技术能力是电子商务学生创业的基础，也是创业型电子商务学生能力培养中的基础。对于中职阶段的学生来说，其应具备的技术能力及该能力对应的要求具体如表 5-1 所示。

表 5-1　创业型电子商务学生应具备的技术能力及其要求

技术能力	能力要求
商品拍摄与图片处理能力	了解商品拍摄的一般要求；能够根据商品特点选择适宜的角度和光线，独立完成商品拍摄；掌握图片处理技术，能够使用 PS 等图片处理软件对图片进行处理，凸显商品的特色
网页设计能力	了解电子商务网站发展的趋势与特点；会使用平面设计软件，能够针对不同的网站页面设计与之相适应的网页；能够结合网页需要展示的内容选择适宜的设计风格；会使用配色软件对设计的网页进行配色，从而增加网页的美感

续 表

技术能力	能力要求
网站内容编辑能力	能够结合企业或视频需要从互联网中搜集相关的信息并分类；能够整合搜集到的信息并编辑与企业或产品推广相关的推文；能够开展网络专业策划、网络互动活动，并对活动进行有效的管理
电子商务网页制作能力	掌握电子商务网页制作的规范、流程与方法，并可以使用相关软件制作网页；掌握网页简单互动效果的制作方法；能够对已经制作成功的网页进行修改，比如链接替换、图片替换、内容修改等
网络广告制作能力	了解网络广告制作相关的知识；掌握网络广告制作的基本方法，并能够使用相关软件制作网络广告；能够对网络广告中涉及的图文进行处理，如图文的排版、图片的颜色处理等
网店装修能力	掌握网店页面布局、页面调整、模块选择的操作方法；能够通过后台选择适宜于网店的模块、配色方案；能够通过后台发布文章、上传图片，并对已经上传的图文进行修改

（四）创业能力

此处所指的创业能力是单纯针对创业而言的，不局限于电子商务专业，而是适用任何专业，是每一位创业者都应该具备的，主要包括风险管理能力、创新能力、谈判能力与机会识别能力。

1. 风险管理能力

在创业的过程中，风险是无处不在的。如果创业者不能有效地管理风险，将风险由大变小、由小变无，那么便可能导致创业的失败。从理论上来说，面对风险时，创业者应该优先处理风险较高的事情，将风险较低的事情放后处理。但现实中，创业者却常常不能准确地辨别所面对风险的等级，其中一个重要的原因就是缺乏风险管理的能力。由此可见，风险管理首先要能够识别风险等级，确定风险可能产生的影响；其次要能够控制风险，即在确认风险可能产生的影响之后，通过采取一定的方法对风险进行控制。为了提高对风险控制的效率，可以提前制定应急方案，在风险发生后以应急方案为指导，再结合具体的方法将风险控制在较小的范围内。最后要学会规避风险。有些风险是人力可控的，甚至有些常发性的风险可以通过提前采取一些措施进行有效的规避，如电子商务行业中经常发生的人才流失风险，可以采取员工激励、人才备份等措施进行规避。上述三点也可以作为中职阶段学生风险管理能力培养的思考方向。

2. 创新能力

在知识经济时代，创新能力显得尤为重要，这是支持一个人、一个企业可持续发展的关键能力。而创业与创新同样重要。中职阶段的学生正处在思维非常活跃的阶段，他们或许在知识掌握上还不是十分的系统，但活跃的思维使创新能力的形成更加容易。创新对于创业来说至关重要，因为只有具备一定的创新能力，才敢于打破常规，才有可能打开一条新的创业的道路。在创业成功之后，也需要创新能力支撑企业不断发展，延长企业的生命周期。因此，创新能力也是中职学生创业能力中不可或缺的一个部分。

3. 谈判能力

谈判能力指能够顺利完成谈判工作的一种特殊的能力。对于创业者来说，必然会与他人产生合作。在合作的过程中不可避免地会进行谈判，如果不具备一定的谈判能力，那么在谈判的过程中就会一直处于被动的地位，甚至牺牲自己的利益，从而影响创业的成功。就电子商务行业来说，谈判能力主要包括观察能力、决断能力、反应能力和语言表达能力。其中，观察能力指能够敏锐地观察到那些非常重要的细节特征的能力，即通过蛛丝马迹捕捉到重要的信息，并审时度势，思考突破的方向。决断能力是做出决策的一种能力，因为在谈判的过程中往往需要在短时间内做出决策，而决策的正确与否关系着自身的利益。反应能力是应对突发事件的一种能力，因为在谈判的过程中可能会出现一些突发性的事件，如果谈判人员缺乏一定的反应能力，不能够很好地处理异常情况，则很可能会对谈判产生不利影响，甚至导致谈判失败。语言表达能力是谈判者推进谈判的基础，因为谈判就是要“谈”，如果不能有效进行语言表达，谈判注定会走向失败。良好的语言表达能力体现为以下三点：一是语言表达的准确性，二是语言表达的规范性，三是语言表达的灵活性与创造性。针对中职阶段学生谈判能力的培养，可以将上述四种能力作为课程设计的参考。

4. 机会识别能力

机会识别能力指在广阔的市场中准确识别创业或发展机会的能力。从某种程度上来说，机会识别是创业的起点。因为只有看到机会，才会进一步激发创业的欲望，也才有更加明确的创业方向。就电子商务行业来说，创业机会的出现常常是比较隐晦的，这就需要创业者具备一定的识别能力，能够在纷杂的市场中发现创业的方向。例如，抖音、快手等短视频在快速发展的前期，便有人发现了直播带货的市场前景，然后投入资本进行直播带货，极大地提高了产品的销量。与上述三种能力相比，机会识别能力的培养最为困难，因为这需要学生对行业有充分的了解，同时，学生要具备一定的市场前瞻性。很多从事电子商务行业多年的人也不一定具备该能力，所以针对该能力的培养不能苛求。

第三节　创业型电子商务人才培养路径

一、完善政府驱动机制

在职业教育的人才培养中，政府发挥着非常重要的作用。中职阶段创业型电子商务人才培养的路径之一便是完善政府的驱动机制，从而在政府的驱动下推动创业型电子商务人才的培养。

（一）将创业型电子商务人才培养融入整体战略计划中

战略是站在统筹全局的视角上形成的决策，具有指导性的意义。随着信息技术的不断发展，电子商务的作用也愈加凸显，并在促进社会发展中发挥着越来越重要的作用，所以我国已经将电子商务的发展提升到战略层面，并在诸多的政策中反复指出发展电子商务的重要性。作为电子商务发展的重要支撑，电子商务人才的培养同样受到政府的重视。尤其是在电子商务人才需求较大的今天，培养满足市场需求的电子商务人才已经成为政府人才培养战略计划中不可或缺的组成部分。

另外，国家也非常重视创业型人才的培养。例如，2020 年，国务院印发了《关于推动创新创业高质量发展打造“双创”升级版的意见》（以下简称《意见》）。《意见》指出，深入实施创新驱动发展战略，进一步优化创新创业环境，大幅降低创新创业成本，提升创业带动就业能力，增强科技创新引领作用，提升支撑平台的服务能力、格局，为加快培育发展新动能、实现更充分就业和经济高质量发展提供坚实保障。具体到地方政府上，以山东省济南市为例，2020 年 5 月 18 日济南市召开了人力资本产业发展大会，围绕人力资本产业链条的延链补链，济南市有关各方牵头成立的人力资本产业母基金在会上签约。基金以“人才 + 科技 + 产业 + 资本”的创新模式，重点支持人才团队创新创业项目，通过科技助力、产业引导、资本赋能，打造人力资本产业生态。

综上所述，政府对创业型人才与电子商务人才的培养都非常重视，但具体到创业型电子商务人才上，相关的政策却非常少，这使创业型电子商务人才的培养很难上升到战略的层面，所以目前很多学校都没有将创业型电子商务人才培养作为一个系统的计划。但就电子商务行业发展的现状及今后发展的趋势来看，电子商务行业是学生创业的一个绝佳选择，因为电子商务行业具有非常广阔的市场前景，而且借助已经较为成熟的电商平台，创业的成本与风险较低，如果学生具备一定的创业能力，其创业的成功率便会进一步提高。因此，政府应该站在电子商务专业学生长远发展的视角上，将创业型电子商务人才培养纳入人才培养的整体战略中，从而使创业型电子商务人才的培养能够从整体上有一个战略方向，进而使更多学校重视创业型电子商务人才的培养。

（二）在经费上给予一定的支持

创业型电子商务人才的培养是一项系统工程，需要投入较多的资金。但目前多数中职学校资金并不是非常充裕，所以建议政府能够在经费上给予学校、学生一定的支持。

1. 完善财政支持制度，给予中职生创业一定的资金扶持

学生创业面临的一个问题就是资金问题。如果政府能够给予学生一定的资金扶持，将能够极大提高学生创业的积极性。政府对学生创业资金的扶持可以从两个方面展开：一是提供专项的创业资金，即政府以无息贷款的方式为有市场前景的创业项目提供启动资金，或者以风险投资的方式为学生提供资金。针对风险投资这一方式，可以引导一些企业加入，即鼓励企业对学生进行风险投资，这样不仅可以分担政府的经济压力，还可以为学生与企业搭建一个沟通的渠道，为后续的创业推动提供更多的渠道。二是制定一些与资金有关的支持政策，如创业设施与场地的租金减免政策、税收优惠政策等。

2. 成立创业基金管理机构，优化基金的运作

针对创业基金的管理，可以成立基金管理机构，引入基金管理机制，并建立基金考核制度，从而提高基金的管理水平，使基金的效用得以最大化的发挥。基金管理机构的负责主体一般有三个选择：一是政府或相关部门，二是银行等金融机构，三是政府通过招标的方式选择适合的机构。针对基金的具体运营，政府虽然要加强监管，但总体来说应选择市场化的运营模式，即保证基金的运营是在政府、学校、管理机构等多方合作的基础上进行的，而不是由政府控制的，这样才能进一步提高基金的运营绩效。

二、构建学校创业教育机制

学校作为人才培养的主要场所，要培养创业型的电子商务人才，必须要发挥其主体作用，构建创业教育机制，加强对学生的创业教育。

（一）明确创业型电子商务人才培养的目标与计划

1. 制定合理的创业型电子商务人才培养目标

目标是实践操作的指南针，只有有明确的目标，行动的实施才有方向。在国家“培育高素质人才”这一战略的引导下，学校要以电子商务行业发展的趋势为导向，结合区域经济发展特点，发挥学校自身优势，制定创业型电子商务人才培养的目标。目标的制定要合理化，即制定的目标通过一定的努力能够达到，这是目标制定的一个原则。因为很多学校在制定人才培养目标的时候，常常会好高骛远，制定不切合学校实际的目标。这些不切实际的目标会导致很多问题，进而导致失败。因此，学校一定切忌好高骛远，要制定合理的、可操作的、可实现的目标。

2. 制定系统性、层次性的创业型电子商务人才培养计划

创业型电子商务人才培养计划是一个系统的过程，即不能仅仅将目光聚焦到毕业生身上，而要贯穿学生在校学习的整个阶段，使学生在在校学习的三年时间里实现创业能力的逐步提升。当然，在保证人才培养计划制订的系统性的同时，还应该保证人才培养计划的层次性。人才培养计划要体现出人才培养的层次性，因为即便同处于中职阶段，不同年级的学生的知识掌握、身心发展也存在一定的差异。所以，要针对不同年级的学生制订不同的人才培养计划，使不同阶段的学生的能力都能够得到有效的提升。

（二）构建以创业为导向的实践教学体系

创业能力的培养并非一件易事，也不是单纯靠理论教学就可以实现的。创业本身就是一件实践性非常强的事情，所以学校需要构建以创业为导向的实践教学体系。以创业为导向的实践教学体系应涵盖岗位实习、创业训练、创业实践等内容。在具体的实施中，学校可以整合创业实践有关的资源，比如举办创业讲座、论坛、创新创业大赛等，或者在学生定岗实习的过程中，为学生教授与创业有关的内容，以此提升学生对创业的认识，使其掌握与创业有关的知识与能力。另外，还可以开展创业实战训练，即教师提出一个项目，然后学生自愿组建创业团队，通过协作的方式完成创业项目。

以笔者所在学校为例，电子商务专业经常采取的一种教学方式是创业实战教学，即把学生的创业活动融入真正的电子商务教学中，这是电子商务教学体系中关于创业实践教学的一种表现形式。在教学课堂中引入创业实战，是全新的突破，它在打破传统教学模式的同时，还能促进各学科从以实践教学为主相互对立的状态向创业实战教学模式下各专业学科教学相互结合转变。将创业实

战引入课堂中，教师就可以将学生要学习的知识与创业实践活动很好地结合起来，不仅能加速学生对知识的理解和运用，还能让学生更加直观地理解和掌握这些知识，并获得创业能力的提升。在电子商务专业教学中引入创业实战，需要注意指导学生的教师数量、教学时间的分配、网络媒体教学等方面。教师需要对上述问题进行综合性的考虑，因为一个环节出现错误，就可能会影响到教学的整体效果。

（三）加强创业教育师资队伍建设

关于教师的重要性，笔者在第三章第四节做了系统的论述。由此可知，在包含创业教育在内的任何形式的教育中，教师都是一个极其重要的存在，是支持教育有效进行的重要支撑。因此，在学校创业教育机制的构建中也不能缺少师资队伍建设这一要素。具体而言，创业型教师队伍的建设可以从以下两点考虑。

1. 创新教师教育理念

电子商务专业的实用性和实践性都是非常强的，所以对于教师来说，教学目的是非常明确的，就是培养学生的技能与实际操作的能力。在实际的教学中，很多教师也都是围绕这些特点展开教学的，但很多教师都忽视了创业教育的重要性，没能在教学中很好地融入创业教育。究其原因，很多教师在教育理念上仍旧没有做出改变，认为中职电子商务教育的目标就是促进学生就业，即让学生在毕业后能够凭借自身技能找到合适的工作。不可否认，就业是中职教育的一个重要目标，但如果从广义的角度理解就业，创业其实也是就业的一种。尤其对于电子商务行业来说更是如此，因为依靠各大电商平台，每一名学生都可以创业，这是其他行业所不具备的优势。因此，教师要创新教育理念，将创业教育理念纳入其教育理念体系中，正确认识创业教育，并在平时的教学中引入与创业教育有关的内容。如笔者上文提到的创业实战，并通过课程以及各种教学环节的设计指导学生如何进行创业，从而构建起以包含创业教育为主的教学体系，提高学生的创业实践能力。

2. 构建“专职”+“兼职”的教师队伍结构

在第三章第四节针对教师队伍建设的具体策略中，笔者便论述了“专职”+“兼职”这一教师队伍结构的作用和意义。同样，这一教师队伍结构也适用于创业型教师队伍的构建。因为创业教育的实践性很强，而教师的创业实践经验较为有限，通过聘请兼职教师，可以对教学起到很好的补充作用。当然，在“专职”+“兼职”这一教师队伍结构中，学校仍然是以专职教师为主，所以要加强对专职教师的培训，完善他们的创业知识体系。可以邀请电子商务领域中有创业经验的人士加入学校的教师发展中心，定期为教师举办一些与创业相关的讲座，提升教师对创业的认知水平；还可以建立教师校外学习、培训机制，定期组织教师到与学校有合作的企业学习，促进教师创业知识体系的完善。学校可以聘请政府部门专家、企业家、企业高管等担任兼职教师，主要负责学生创业实践指导，并参与人才培养方案的制定，以此来弥补学校教师创业经验方面的不足。为了吸引更多校外人士担任兼职教师一职，学校、企业、政府之间应该共同建立资源共享机制，即学校在享受政府、企业所提供的帮助的同时，也为企业和政府提供必要的帮助，从而在彼此的合作中实现三方共赢。

（四）构建校内学生创业支持制度

作为学生教育的主体，要落实创业教育，学校对学生的支持是不可或缺的。因此，学校要构建创业型电子商务人才培养的支持制度。具体可从如下几点着手。

1. 构建学生休学创业的弹性学制

有些学生在校学习阶段可能会萌生创业的想法，学校在对学生创业情况有所了解后，如果发现学生的创业设想具有一定的可行性，那么学校应该鼓励和支持学生大胆创业，并放宽学生学业修习的年限，允许学生分阶段完成学业。在学生创业的过程中，学校应该保留学生的学籍，并简化学生的休学程序。对需要帮助的学生，学校还可以为学生提供创业咨询服务。为了更好地落实上述举措，需要学校对原有的学制进行一定的改革，即针对有创业意向的学生构建弹性的学制，以确保学生创业意向能够落地。

2. 构建创业评价机制

构建创业评价机制就是将创业相关环节引入学生评价体系中，针对学生创业训练、创业实践的情况进行评价。在该评价机制中，最具创新性的理念就是将学生创业的实际成果转化为学生的分数，并体现在学生的总体分数中。这样可以起到一定的激励作用，因为对于中职生来说，分数在一定程度上反映了他们的能力，如果因为创业实践影响了分数，学生容易因此而忽视创业实践，这样也就失去了创业实践的意义。因此，学校要构建创业评价机制，将创业相关的环节引入学生评价的体系中，进一步完善学生评价体系。

（五）构建创业教育质量跟踪调查制度

为了进一步了解学校的教育质量，很多高校在学生毕业后的一段时间内都会对学生进行就业、创业调查。调查对象包括用人单位与学生，结合调查反馈，有针对性地改革教学，从而不断提高学校的教育质量。对于中职学校来说，也可以针对创业教育构建质量跟踪调查制度，调查学生毕业后的创业情况，然后结合学生创业情况调整和完善其创业教育体系。创业教育质量跟踪调查制度的构建具体可以从以下几点着手。

1. 成立跟踪调查小组

成立专门的毕业生质量跟踪调查小组，该小组负责对所有毕业生进行跟踪调查。为了方便学生信息分类和管理，可以将学生按照专业进行分类，并且针对不同的专业进行更为细化的分类。针对电子商务专业，便可以从中分出“学生创业”情况这一类，以了解该专业毕业生中创业的人数、创业成功的人数、创业的规模。然后将信息进行整理，并向电子商务专业的相关负责人员反馈。

2. 制定调查问卷

针对毕业生质量的调查一般采取问卷调查的形式，即负责人员将问卷发给学生和企业，学生和企业填完问卷后再将问卷回收。目前，网络通信已经发展得非常成熟，学校工作人员与学生沟通和联系也非常方便，所以问卷调查的关键在于调查问卷的制定。要制定一份质量较高的问卷，尽可能全面地了解学生创业情况，这样才能给相关专业的教育人员提供更多的参考。

3. 建立毕业生信息库

任何数据都需要达到一定的量之后才有研究的价值，针对毕业生的跟踪调查也是如此。学校不能只凭借某一届毕业生的情况就对教育质量进行评定，这样显然是不科学的。所以需要建立毕业生信息库，通过分析当年和往年的情况，分析毕业生质量的变化情况，包括学生创业的情况，然后在大量数据的支撑下以及分析多年的变化趋势的基础上形成更加科学和客观的结论。

第六章　电子商务教学与课程体系建设

第一节　电子商务教学基础

一、电子商务教学的教育理念

谈及电子商务教学的基础内容，必不可少的有电子商务教学目标、电子商务教学原则、电子商务教学理念等内容。关于电子商务教学目标与电子商务教学原则，已在本书第二章第三节关于人才培养目标与原则中有所论述，所以在本小节中笔者仅就电子商务教学的教育理念进行系统的论述。就中职阶段的电子商务教学而言，用于指导电子商务教学的教育理念有终身教育理念与以学生为本的教育理念。

（一）终身教育理念

1. 终身教育的概念

终身教育理念最早出现在1965年联合国教科文组织主持的成人教育促进国际会议中，由联合国教科文组织的成人教育局局长保罗·朗格朗提出。从那以后，该教育理念开始在世界范围内蔓延，并影响着越来越多的教育工作者。所谓终身教育理念，实质上是人们在一生各阶段当中所受各种教育的总和，是人所受不同类型教育的统一综合，包括教育体系的各个阶段和各种方式，既有学校教育，又有社会教育，既有正规教育，也有非正规教育，其主张是在每一个人需要的时刻以最好的方式提供必要的知识和技能。[①]

① 聚英教育培训中心.2020年教育学考研复习指南[M].厦门：厦门大学出版社，2019：212.

2. 终身教育理念形成的历史背景

终身教育的产生有其历史必然性。20世纪60年代初，技术的发展对社会的发展产生了巨大的影响，这种影响不仅体现在生产、流通上，还体现在人们生活的方方面面，包括对人发展的影响上。因为技术的发展必然会对生活在社会中的人提出更高的要求，包括对人在知识、技能上的要求。而面对日新月异的技术与推陈出新的知识，人们只有不断学习、不断提升自身知识与技能，才能满足社会发展的需求。在这种社会背景下，终身学习的思想开始渗透到人们的观念中，并在1965年的时候形成了具体的说法和概念。终身教育理念一经问世，便引起了人们的关注，并被大众认可和接受。

3. 终身教育的特点

通过对终身教育理念进行分析，不难发现终身教育理念具有终身性、全民性和实用性的特点。

（1）终身性。从“终身教育”理念的名称便可以直观地看出，终身性是该教育理念最根本的特征。终身教育突破了学校教育的范畴，包括社会教育，也包括非正规教育，可以说在人生的任何一个阶段都可以进行学习，从而实现对自身的持续教育。

（2）全民性。终身教育的全民性是指每个人都应该具备终身学习的理念。其实，终身教育理念目前已经被多数人认可和接受。尤其是在知识爆炸的时代，人们对知识的渴求越来越强烈，每个人都在不断地学习，全民性已经初步具备。

（3）实用性。终身教育理念虽然处于“理念”层面，但从其出现开始便产生了深刻的影响，影响着大众的思想和行为。其实，从终身教育产生的历史背景不难看出，该理念产生的一个原因就是出于对现实应用的需求，即指导人们不断地学习，然后将学习到的知识与技能应用到现实中。所以从这一层面来看，终身教育理念也具有实用性的特点。

4. 终身教育理念的教育启示

目前，我国的学校教育分为学前教育、初等教育、中等教育和高等教育四个阶段，中职教育属于中等教育阶段。对于中职阶段电子商务专业的学生来说，他们学习的是较为基础的知识，学生具备了这些知识以后，便可以从事电子商务行业有关的一些基础岗位，这也是职业教育的目标之一。但就电子商务专业来说，在中职教育之上还有高等教育，包括专科教育、本科教育、研究生教育，这说明中职毕业生还有很多的知识需要学习，还有很长的学习道路要走，这也是很多中职学生会选择继续深造的一个重要原因。其实，继续深造就是重视教育理念的一种体现，即学生对当前的知识掌握状态不满足，有想要学习更多知识的欲望。当然，还有一部分学生毕业后会参加工作，对于他们来说，职业道路很长，要想在这条职业道路上持续走下去，就需要掌握更多的知识，而要掌握更多的知识就需要不断地学习。当今社会，企业对人才的要求越来越高，如果我们不能提升自己，终究会被时代发展的浪潮吞没。总之，无论学生毕业后选择怎样的道路，继续学习都是非常有必要的。所以在平时的教育中，教师一定要秉承终身教育的理念，使学生具备终身学习的思想和能力，这对学生今后的成长和发展意义匪浅。

（二）以学生为本的教育理念

所谓以学生为本，就是把学生发展作为教育的根本，即一切教育活动都是围绕学生发展展开的。在人类思想史上，“人是目的”理念的提出是为了强调人人平等的价值观，反对那些将人作为奴仆的行为，体现的是一种人道主义。以学生为本的教育理念可以看成是对人类思想史上人道主义、人本主义的一种批判继承，其否定的是对学生的物化，即将学生当作学习的机器，而不是将学生当成一个有感情、有思想的人。教育的初衷就是为了促进人的发展，不可否认，那种将人当作学习机器的教育方式也能够促进人的发展，但同时扼制了学生其他能力的发展，降低了教育的效益。因此，现代教育强调的以学生为本的教育理念即将教育的出发点回归到学生发展上来。

中职阶段是学生初步形成知识系统和掌握技能的阶段，该阶段学生的发展对学生今后的深造和就业产生着直接的影响，所以教师必须秉承以学生为本的教育理念，以学生的发展为根本组织与教学有关的一切活动。具体而言，在教学中可以从以下三点着手。

1. 让学生得到全面的发展

现代教育强调对学生进行德、智、体、美、劳的全面教育，使学生获得全面的发展。其中，“德”指德育，旨在培养学生正确的政治观念与道德品质，使学生形成正确的价值观、人生观和世界观；“智”指智育，即对学生进行知识、技能上的教育，使学生掌握个体发展所必需的知识与技能；“体”指体育，指对学生进行身体素质上的教育，旨在增强学生的体质，培养学生的意志力；“美”指美育，指对学生进行审美教育，旨在培养学生的审美素养，提升他们发现美、欣赏美、创造美的能力；“劳”指劳动，即培养学生劳动观念与劳动技能。以学生为本就是要让学生获得全面的发展，而不是仅仅获得某一方面的发展。

2. 让全体学生得到发展

现代教育的一个重要特征就是民主化、普及化，即让每一名学生都能够受到应有的教育，这一目标目前已基本实现。但如果对这种“普及化”做更为深入的探究，就是让每一名受到教育的学生都能够得到相应的发展，而不是只关注重点学校的学生，只关注重点班级的学生，只关注学习成绩好的学生，这样显然是违背了以学生为本的理念。根据多元智能理论可知，学生学习成绩差并不代表学生在智能上存在问题，只是不同的学生有不同的智能组合，使得不同的学生在某些方面呈现出一定的差异性。由此可见，每一名学生都有发展潜力，教师应该对每一名学生都给予一定的关注，放大学生身上的优点，从而使所有学生都能够得到相应的发展。

3. 让学生主动发展

以学生为本的教育理念不仅强调学生的全面发展，也强调学生的主动发展。因为归根结底，学生才是学习的主体，教师更多时候充当的是学生学习路上的引路人。从建构主义学习理论可知，学生学习的过程其实是学生在原有知识经验基础上进行建构理解的过程。学生对知识建构的主动性影响着学生知识理解的效率，所以要提高学生学习的主动性，让学生能够主动追求自身的发展。《中共中央国务院关于深化教育改革全面推进素质教育的决定》中也要求，“全面推进素质教育……使学生生动活泼、积极主动地得到发展”。因此，教师要尽可能地激发学生学习的能动性与内发性，让学生变“被动学习”为“主动学习”，并使学生在主动学习的过程中实现自身的发展。

二、电子商务教学中的教师、学生及师生关系

（一）教师

1. 教师的专业素养

教师的专业素养包含教师的专业知识、专业能力与专业道德三个方面。

（1）教师的专业知识。“师者，所以传道受业解惑也”，要做到这一点，教师首先要具备专业知识。从狭义上理解，教师的专业知识指教师应该具备的专业学科知识；从广义上理解，教师的专业知识除了专业学科知识外，还包含条件性知识、实践性知识和文化知识。其中，条件性知识主要指与教育有关的心理学知识。因为只有更好地了解学生的心理，才能对症下药，更加有效地开展教学。实践性知识指教师要具备组织实践教学的能力，因为现代教育注重教

学要理论结合实践，这就需要实践性知识的支撑。文化知识则指人文、科技、艺术等方面的知识。针对这些方面的知识，不要求教师精通，但需要教师都有所涉猎并有一定的了解。

（2）教师的专业能力。教师的专业能力是指教师从事教学活动需要具备的基本能力，主要包括教学设计能力、教学实施能力和处理突发问题的能力。其中，教学设计能力是指教师能够结合教材内容、学生实际，创造性地制订教学计划，包括教学目标、教学重难点的确定，从而最大限度地提高教学质量的能力。教学实施能力是指按照教学设计实施教学计划的能力，这是将计划转换为实际行动的一种能力。计划再好，如果不能切实转化为教学实际行动，教学效率自然也不会理想。处理突发问题的能力指教师在面对突发事件时能够迅速做出判断并立即采取恰当的措施，从而解决突发事件的能力。在教学中，不可避免地会出现一些突发情况，如学生在课堂上突然发生冲突，如果教师能够迅速有效地处理，不仅能够解决学生间的冲突，还能够将冲突对课堂教学的影响降到最低。虽然突发事件发生的概率较低，但一旦发生，就有可能会产生非常消极的影响，所以需要教师具备处理突发事件的能力。

（3）教师的专业道德。教师的专业道德指教师应遵守的教师职业的基本规范。任何一个职业都有其基本的规范，遵守这些规范是最基本的专业准则。教师的专业道德主要包括爱岗敬业、热爱学生、团结协作、为人师表四个方面。爱岗敬业、热爱学生、团结协作三点便是其字面意思，笔者在此不过多叙述。为人师表则是指教师要以身作则，充当学生的表率。因为对学生来说，教师是他们心中的一个标杆，虽然中职阶段的学生存在一定的叛逆心理，但这并不影响教师对他们的影响作用。教师要深刻认识到这一点，通过行为、品德为学生做出表率，严格要求自己，这样才能去要求学生，才能用自身的行为去影响学生。

2. 现代教育理念下教师角色的转变

在现代教育理念的影响下，教师的角色定位早已经发生改变。教师不再是传统的“教书匠”，而是扮演着多重角色。首先，在教学上，教师由传统的知识灌输者转变为学生学习的引导者。“师者，所以传道受业解惑也”，自古以来，对教师的角色定位就是传授知识、解答疑惑的，这种角色定位在今天其实同样适用。只是在我们了解了建构主义理论之后，需要对这种“传道授业解惑”的角色定位进行微妙的转变，即从教师本位转变为学生本位，教师不要再一味地对学生进行知识上的灌输，而是要以引导者的身份引导学生自主学习。

其次，在与学生交往时，教师要从权威者转变为平等的对话者。教师具有一定的权威性，能够对学生进行全方位的引导，但这种引导不应该是以一种权威者高高在上的方式引导。这样容易引起学生的叛逆心理，尤其是对于本就具有一定叛逆心理的中职生来说，这种方式更容易适得其反。因此，教师要放低姿态，以一种与学生平等对话的姿态与学生进行沟通和交流，让学生能够欣然接受教师的指导和建议。

（二）学生

1. 学生的本质

学生是什么？相信很多人对于这个问题都没有进行过深入的探究，只是从表面意思上将学生理解为在学校学习知识的人。这种从字面上对学生所下的定义并没有问题。但如果仅仅从字面上理解学生，不了解学生的本质属性，那么教育活动也只能从这种表面理解上实施，这显然是不科学的，教育活动的效果也必然不会理想。知己知彼，方能百战不殆，教育也是如此，如果不了解学生，又何谈成功的教育呢？因此，教育工作者要对学生的本质属性进行深入的探究。在笔者看来，学生的本质属性可以从以下三点进行解读。

其一，学生是具有情感、具有思想、具有主体性的人。所谓主体性，就是指学生具备主观能动性，包括选择性、独立性、创造性等，这些是学生发展的基础，教育活动不能将学生的主体性抹杀，否则必然会影响学生的发展。

其二，与成年人不同，学生具有属于他们这个年龄段的发展特征，教育活动的开展要符合学生发展的特征。

其三，学生是存在自我个性的人。其实，任何人都存在自我个性，只是在学生阶段这种个性更为凸显。面对学生间的个性差异性，教师不能将其抹杀，而是应该使学生实现个性化的发展。

2. 学生发展的一般规律

针对上述三点对学生本质属性的解读，笔者就学生发展规律这一点做进一步的分析，阐明学生发展的一般规律，这对于教育活动的实施具有非常积极的意义。具体来说，学生身心发展具有如下几点规律。

其一，学生的身心发展存在阶段性。在不同的年龄阶段，学生身心发展的特点也不同。例如，在童年时期，学生的情感不稳定，思维以具象思维为主；在少年时期，学生的情感发展趋于细化，抽象思维初步发展。对于中职学生，教师要了解该阶段学生身心发展的特点，然后才能有针对性地采取对策。

其二，学生身心发展存在稳定性与可变性的矛盾统一性。稳定性指处在同一阶段的学生其身心发展大体相同，但身心发展也受环境等外力的影响，所以在不同的环境下生长的学生，即便年龄相同，身心发展也可能存在较大的差异，这便是可变性。随着国家的不断发展，社会环境也在不断发生变化，这必然会对学生身心发展产生影响，所以教师不能一直以同一种眼光看待同一阶段的学生，要在分析社会影响的基础上，用一种动态的眼光去分析和了解学生。

其三，学生身心发展的差异性。这一点既是学生本质属性的体现，又是学生发展规律的体现。教师要认识到这一点，并在教学中做到因势利导、因材施教。

（三）师生关系

师生关系是指教师和学生在教育、教学活动中为完成一定的教育任务，以“教”和“学”为中介而形成的一种特殊的社会关系，包括彼此所处的地位、作用和态度等。[①] 教师和学生作为教育活动的主要参与者，只有维持一个良好的关系，才能保证教学活动的顺利进行，这是教育活动中人与人关系中最基本的关系。在现代教育中，理想的师生关系表现为四个方面：一是在人际关系上表现为尊师爱生；二是在社会关系上表现为师生平等；三是在教育关系上表现为教学相长；四是在心理关系上表现为心理相容。理想的师生关系是教师、学生以及所有社会人士追求的一种关系，但由于种种主客观因素的影响，总是很难达到。目前，影响师生关系的因素有教师、学生和环境三点，所以理想的师生关系的构建也可以从以下三个层面着手。

1. 教师层面

教师相较于学生而言，身心发展更为成熟，而且也不像环境因素一样不可控，所以在教师、学生与环境三个因素中，教师因素是理想的师生关系构建的重心。从教师层面来说，首先，要树立正确的学生观，即正确看待学生、研究学生、了解学生，而不是只将学生当作接收知识的容器；其次，要不断提高自身素养，包括专业知识、专业能力和专业道德等方面；再次，要学会尊重学生、热爱学生，平等公正地对待每一位学生；最后，要学会正确处理师生之间的矛盾，虽然师生之间发生矛盾的概率很小，但一旦发生，如果不能正确处理，其造成的后果将不堪设想。

2. 学生层面

对于学生来说，由于其身心发展还不是十分成熟，学校不能过多地要求学生，也不能硬性要求学生，而是要采取积极引导的方式。引导的方向有两个：一是引导学生正确地认识自己；二是引导学生正确地认识教师。认识自己是认

---

① 胜利 . 教师招聘考试高分笔记 [M]. 银川：阳光出版社，2019：41.

识他人、认识社会的第一步。对学生来说，他们对自己的认识也许并不深刻，也不全面，这就容易导致学生的焦虑、叛逆和自我否定，进而影响学生与人的相处，包括与教师的相处。因此，教师的首要任务是引导学生正确地认识自己。其次，是引导学生正确地认识教师。学生对教师认识的形成主要是通过平常的教学以及师生间的交流。这是一种潜移默化的影响，所以从这个角度看，还是需要教师更多地从自身出发，即注意自己的言行举止，从而在潜移默化中对学生产生积极的影响，让学生对教师形成良性的认知。

3. 环境层面

在环境层面，学校需要从两个方面做出努力：一是加强校园文化的建设；二是加强学校的学风建设。校园文化是以校园精神为主要特征的一种群体性文化，对身处校园的学生和教师能够产生深刻的影响，同时有助于促进师生关系的发展。所以在环境因素层面，学校首先要加强校园文化的建设。其次是学风建设，学风是指学校师生员工在治学精神、治学态度和治学方法等方面的风气，也是学校全体师生的知、情、意、行在学习问题上的综合表现。学风的形成是一个渐进的过程，一旦形成便会对学校发展产生巨大的影响，也会对学生及教师的发展起到重大作用，从而潜移默化地影响师生关系。

第二节　电子商务教学标准解读

一、教学标准的定义与特征

（一）教学标准的定义

关于教学标准，不同的人有不同的认识。杨延认为，国家性质的职业教育专业教学标准应是对我国职业教育专业教学进行管理的一套纲领性、指导性文件。① 徐国庆博士认为，专业教学标准是对人才培养各方面要求的整体规定，是全面展开人才培养工作的基本依据。② 束剑华教授认为，专业标准即专业质

① 杨延.国家专业教学标准：工学结合深层次改革的关键[J].职业技术教育，2007，28(22)：5-7.

② 徐国庆.职业教育项目课程开发指南[M].上海：华东师范大学出版社，2009：103.

量标准，是由国家有关部门颁布的强制性的各专业的科学规范和基本要求。[①] 综合上述学者对教学标准下的定义，笔者认为可对教学标准做如下界定：教学标准是由国家教育主管部门组织并统一编订的，用以明确教学目标与规格、规范教学管理、组织教学实施等教育活动的，评估学校教育质量的基本文件。

（二）教学标准的特征

1. 权威性

既然被称为“标准”，自然具有一定的权威性，这是教学标准最基本的特征。针对不同的教育阶段，国家会制定不同的教学标准，这些标准供各个学校使用，并要求各个学校严格按照教学标准实施教学活动，其权威性是不容置疑的。

2. 层次性

教育分为不同的阶段，只有针对不同的阶段制定不同的教学标准，才能更好地指导不同阶段教育活动的实施。因此，在国家层面，要结合我国各阶段的教育制定不同层次的教学标准。另外，我国幅员辽阔，地区与地区之间存在一定的差异，这种差异对职业教育具有一定的影响（对普通教育影响较小，因为职业教育与当地产业的发展联系较为紧密）。所以在结合国家制定教学标准的基础上，还需要结合地区特点制定更具针对性的教学标准，这也是教学标准层次性的一种体现。

3. 贯通性

职业教育分为中职教育与高职教育，两者是不可割裂的，在知识与技能上有一定的衔接性。目前，很多中职生会选择继续深造，向着更高的学历发展，这符合笔者之前提到的终身教育的理念。而为了更好地使学生实现从中职到高职的过渡，在制定教学标准时，就需要考虑到中职教育与高职教育的贯通性，并使教学标准也具备贯通性的特点。

4. 动态性

社会是不断发展的，教学标准也不是一成不变的，而是要随着社会的发展以及教育的发展不断变化。根据目前的经验来看，教学标准每几年都会发生一定的变化，但这种变化通常不会很大，一般都是在原有标准的基础上进行修订，这说明教学标准还存在稳定性的特征。这种变化与稳定共同构成了教学标准动态化的特征。

---

① 束剑华．关于制定职业教育专业标准的政策建议 [J]. 职教论坛，2005（30）：7-10.

二、电子商务教学标准制定的原则与依据

（一）电子商务教学标准制定的原则

对于中等职业学校电子商务专业的教学来说，其教学标准的制定要结合该阶段该专业的特点。具体而言，有如下几点原则。

1. 规范性原则

教学标准制定的目的之一就是规范学校的教育活动，所以其自身必须具有规范性。这种规范性具体体现在涵盖的内容、制定的程序、标准表达的形态等方面。其中，内容规范是指教学标准涵盖的内容具有全面性和系统性，且质量标准各构成要素之间要做到层次分明，具有内在逻辑性，标准的指向要清楚，内涵要准确，外延要清晰，要求要具体。制定程序的规范是指教学标准从制定到发布要有一套规范的工作程序，并严格按照程序执行。教学标准表达的规范性是指文本内容的表达要符合要求，如文本中使用的概念等。

2. 就业导向性原则

就业是职业教育的一个目标导向，所以职业教育的教学内容中除了基础课程外，还有专业课程，这是其与普通教育不同的地方。对于中职生来说，一些学生会选择继续深造，还有一部分学生选择就业或创业。无论是就业还是创业，学生都需要具备一定的职业能力，才能满足市场对人才的要求。这就要求在制定教学标准时，要考虑职业教育的特点，将就业作为一个重要因素考虑在内，从而保证对学生的教学能够满足学生就业的需求。

3. 可操作性原则

关于可操作性原则，笔者在前边已有提及，这个原则包括目标、计划、标准等。教学标准是约束、规范、指导学校教育以及评估学校教育的一个重要依据。如果标准的制定忽略教学实际，好高骛远，无疑会加重各学校的负担，也会加重学生学习的负担，其造成的消极影响会波及全国的学校。因此，在制定教学标准时，一定要切合实际。另外，教学标准可操作性的原则还体现在便于执行上，即标准不能笼统不清，要适度细化，其标准中的观测点也必须是格式化、统一化、规范化和具体化的，这样才便于操作和执行。

4. 普适性原则

由于地域、经济发展情况不同，不同地区的中职学校所遵循的教学标准也应该存在一定的差异，以满足自身发展的需求。但站在国家的角度，不可能针对每个地区都制定一套标准，所以需要在统筹国家各地发展的基础上，制定出具有普适性的教学标准，即适用于各个地区，满足最低的要求标准，然后各地

区可根据自身特点制定更具针对性的教学标准。这样既有助于指导全国各地中职学校的教学，又利于各地突出其办学特色。

（二）电子商务教学标准制定的依据

1. 电子商务教学标准制定的政策依据

有关教育的政策性文件在宏观层面指导着教育的发展。所以在制定教学标准时，必然要以国家颁布的法律文件为参考依据。例如，1996 年 9 月 1 日起施行的《中华人民共和国职业教育法》是我国职业教育发展的基本法规。2021 年 6 月 7 日，《中华人民共和国职业教育法（修订草案）》首次提请全国人大常委会审议。此外，2019 年 1 月 24 日，国务院印发《国家职业教育改革实施方案》（以下简称《方案》），《方案》中便明确指出要构建职业教育的国家标准。这对职业教育教学标准的制定具有指导性的意义，也是职业教育教学标准制定的一个重要参考依据。

2. 电子商务教学标准制定的理论依据

电子商务教学标准制定的理论依据包含科学的教育发展观、教育质量观和现代职业教育理念。综合来说就是要建立健全符合国情的人才培养质量标准体系，改革人才培养模式，将文化知识学习和思想品德修养、全面发展和个性发展、创新思维和社会实践紧密结合。要按照建立现代职业教育体系的要求，加强职业教育内部的有机衔接，积极促进职业教育与经济社会发展的有机结合，大力推行校企合作、工学结合、顶岗实习的人才培养模式，创新职业教育人才培养体制；加强职业教育与普通教育、继续教育的相互沟通。要强化实践育人，结合专业特点和人才培养要求，分类制定实践教学标准，制定加强高校实践育人工作的办法，增加实践教学比重，提高实践教学管理水平，广泛开展社会调查、生产劳动、志愿服务、公益活动、科技发明、勤工助学和挂职锻炼等社会实践活动。

三、电子商务教学标准的框架体系

通过整体分析职业教育有关的教学标准，笔者发现职业教育教学标准涉及的内容包括专业概述、就业面向、培养目标与规格、职业证书、课程体系与核心课程、专业办学基本条件和教学建议、继续专业学习深造建议几个方面，在此基础上还有进一步的细化，具体如图 6–1 所示。

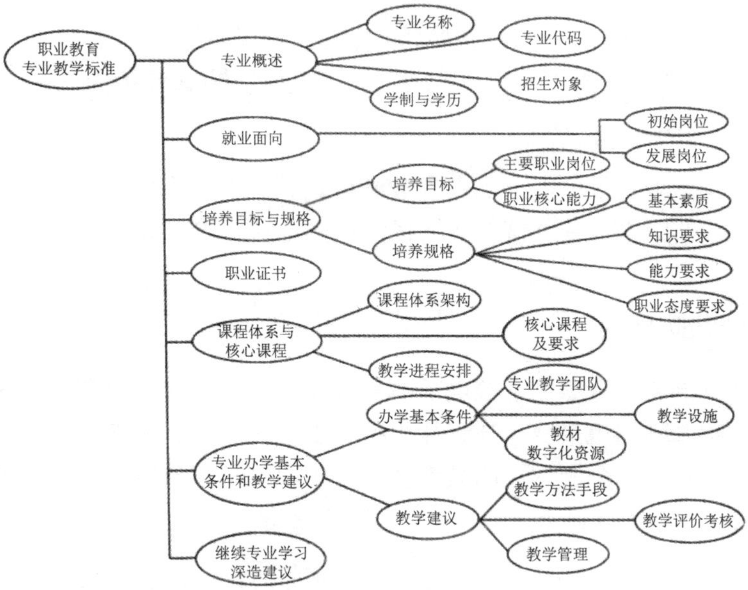

图 6-1　职业教育教学标准框架体系示意图

在参考职业教育教学标准框架体系的基础上，笔者结合中职电子商务教学有关的教学标准，构建了电子商务专业的教学标准框架体系，如图 6-2 所示。

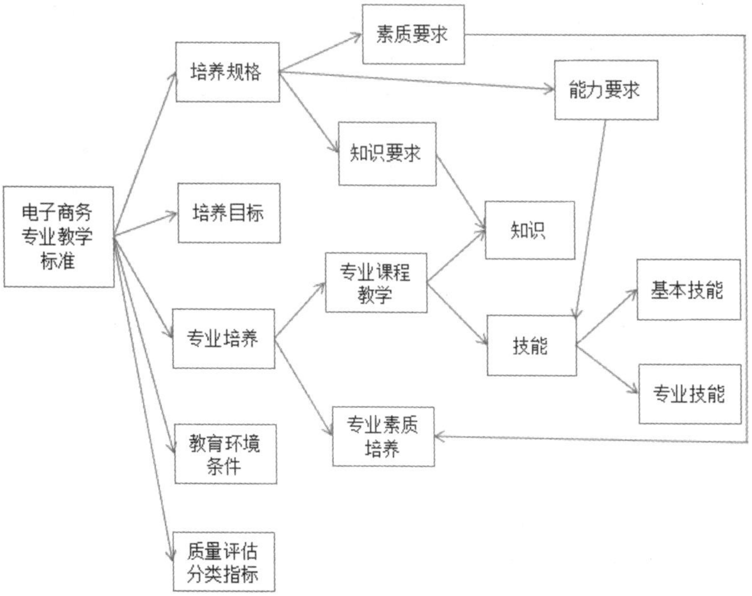

图 6-2　电子商务专业教学标准框架体系示意图

第三节 电子商务专业课程体系构建

对于中等职业学校的电子商务专业来说，其课程体系可分为公共基础课与专业技能课，所以本节针对该专业课程体系构建的论述也从这两个方面展开。

一、公共基础课

公共基础课在中等职业学校电子商务专业的教学中占有非常重要的地位。这是培养学生基础知识素养、通识能力的重要途径，能够为学生的继续深造奠定基础，也符合学生全面发展的教育理念。中职电子商务专业公共基础课程的体系构建具体如表 6-1 所示。

表 6-1 中职电子商务专业公共基础课体系包含的主要课程

课程名称	主要教学内容与要求	建议学时（50min）
数学	在九年义务教育的基础上，进一步使学生掌握该阶段所必需的数学基础知识，培养学生的计算能力、数据处理能力、空间想象能力、观察能力、分析解决问题的能力以及数学思维能力。相较于普通教育来说，中职生所学习的数学较为基础，剔除了一些进阶性、难度较大的知识	144
语文	在九年义务教育的基础上，进一步使学生掌握该阶段所必需的语文基础知识，培养学生的分析概括能力、阅读理解能力、语言表达能力、口语交际能力以及写作能力，同时提高学生的文化素养	216
英语	在九年义务教育的基础上，进一步使学生掌握该阶段所必需的英语基础知识，培养学生听、说、读、写等语言技能，使学生初步形成在职场中运用英语的能力，同时让学生了解不同语言与文化的差异，形成正确的世界观	180
职业生涯规划	对学生进行职业生涯和职业理想教育，引导学生树立正确的职业观，并结合自身专业与自身能力情况进行职业生涯规划；使学生掌握职业生涯规划的基础知识与方法，增强职业素养，做好就业、创业的准备	32

续 表

课程名称	主要教学内容与要求	建议学时（50min）
职业道德与法律	对学生进行职业道德与法律教育，培养学生的法律意识，增强学生的法治观念，使学生懂法、守法、用法；培养学生的职业道德，让学生了解职场中的基本规范，初步养成职业道德行为习惯	32
经济政治与社会	对学生进行政治、经济、文化与社会建设等常识性教育，使学生对我国的政治、经济、文化、社会等情况有初步的了解，并初步掌握政治建设、文化建设、经济建设与社会建设有关的知识	32
哲学与人生	对学生进行浅层的哲学教育，让学生了解辩证唯物主义与历史唯物主义的观念，了解马克思主义哲学的基本观念，使学生形成正确的世界观、人生观、价值观，并学会处理人生发展中可能遇到的基本问题	32
体育与健康	整合体育与健康两门学科中的内容，对学生进行身体素质教育，主要以体育锻炼为手段，使学生掌握体育锻炼的基本技能与方法，旨在提高学生的身体素质，促进学生健康人格的形成，促进学生的健康成长，并形成终身锻炼的意识	180

二、专业技能课

对于中等职业学校电子商务专业来说，专业技能课是主要课程，旨在培养学生电子商务的相关技能。结合笔者对电子商务专业技能课的理解，可以将电子商务的专业技能课分为专业核心课与专业方向课两大类，便于我们对该课程体系进行论述。

（一）专业核心课

专业核心课包含的课程及该课程的主要教学内容和要求如表 6-2 所示。

表 6-2　中职电子商务专业核心课体系包含的主要课程

课程名称	主要教学内容与要求	建议课时（50min）
电子商务基础	了解电子商务有关的行业政策、法律法规与网络安全知识；熟悉电子商务模式，包括 B2B、B2C、C2C、O2O 等；熟悉电子商务的交易流程；了解网上银行与第三方支付有关的知识；能使用电子商务平台进行日常的网上交易	72

续　表

课程名称	主要教学内容与要求	建议课时（50min）
商品拍摄与图片处理	了解商品拍摄的一般要求；能够根据商品特点选择适宜的角度和光线，独立完成商品拍摄；掌握图片处理技术，能够使用 PS 等图片处理软件对图片进行处理，凸显商品的特色	108
电子商务客户服务	了解客户接待、沟通交流等方面的知识，并根据客户提出的需求提供相应的服务；学会电子商务中客户服务的礼仪与用语；学会如何处理客户投诉问题；学会分析客户需求，并针对客户需求提供令客户满意的服务	72
网络营销实务	学会操作网络营销相关的工具软件；掌握网络营销的常用方法，并能够根据电子商务平台的规范选择合适的网络营销方法；能够根据网站营销的不同阶段，运用网站分析工具，监测网站指标的变化，实现监测推广效果的目的	108
网页设计	了解电子商务网站发展的趋势与特点；会使用平面设计软件，能够针对不同的网站页面设计与之相适应的网页；能够结合网页需要展示的内容选择适宜的设计风格；会使用配色软件对设计的网页进行配色，从而增加网页的美感	108
店铺运营	掌握网店运营有关的基础知识，能够独立完成网络交易；能够对网店页面进行美化，制作商品展示页面，并根据商品情况对商品进行分类展示；能够针对不同的商品提炼商品卖点，并在商品介绍中展示；能够选择适宜的推广方法，对店铺进行推广，积累更多关注店铺的粉丝	108
电子商务物流	了解电子商务物流中仓储配送的工作职责，掌握仓储管理和配送系统的操作方法；会使用商品包装设备，并完成对商品的包装，使商品包装满足邮寄的标准；能够对邮寄的商品进行快递跟踪；熟悉退换货涉及的物流程序	72
网站内容编辑	能够结合企业或视频需要从互联网中搜集相关的信息并分类；能够整合搜集到的信息并编辑与企业或产品推广相关的推文；能够开展网络专业策划、网络互动活动，并对活动进行有效的管理	72

（二）专业方向课

专业方向课主要分为客户服务相关课程、网络营销相关课程与网络编辑相关课程。笔者将依次对上述三种课程展开叙述。

1. 客户服务相关课程

客户服务相关课程及其主要教学内容如表 6-3 所示。

表 6-3　电子商务客户服务相关课程及其主要教学内容

课程名称	主要教学内容与要求	建议课时（50min）
文字录入	能够熟练地使用一种文字输入方法，输入速度达到每分钟 60 字以上；学会正确的键盘指法；掌握特殊符号的输入方法；能够对输入法的属性进行设置；能够在听取客户要求的同时，正确录入，完成记录	72
沟通技巧	掌握与客户沟通的技巧与方法；能够通过电话或网络通信工具与客户进行有效的沟通，将想要传达的信息准确地传达给客户；通过与客户的沟通，初步了解客户的想法与心理	72
客户关系管理	掌握管理客户关系的基本知识与方法；能够进行客户满意度管理、大客户关系管理与客户的忠诚度管理	72

2. 网络营销相关课程

网络营销相关课程及其主要教学内容如表 6-4 所示。

表 6-4　电子商务网络营销相关课程及其主要教学内容

课程名称	主要教学内容与要求	建议课时（50min）
商务文书写作	掌握商务文书写作的基本知识与方法，能够撰写合格的商务文书；掌握商务文书常用的格式、结构及写作的基本要求；了解商务文书写作的技巧，能够为企业撰写商务文书	72
活动策划与实施	掌握商务活动策划方案撰写的基本知识，能够根据活动要求、主题撰写策划方案；了解商业活动实施的有关知识，能够根据活动策划方案制订实施计划，保证商业活动的顺利实施	72

网络推广	了解与网络推广有关的基础知识，能够运用互联网进行推广；能够对市场及消费者进行分析，寻找潜在的客户，并制定推广方案；能够完成选择关键词、建设友情链接、发布外部链接及推广效果分析工作	72

3. 网络编辑相关课程

网络编辑相关课程及其主要教学内容如表 6-5 所示。

表 6-5　电子商务网络编辑相关课程及其主要教学内容

课程名称	主要教学内容与要求	建议课时（50min）
电子商务网页制作	掌握电子商务网页制作的规范、流程与方法，并可以使用相关软件制作网页；掌握网页简单互动效果的制作方法；能够对已经制作成功的网页进行修改，如链接替换、图片替换、内容修改等	72
网络广告制作	了解网络广告制作的相关知识；掌握网络广告制作的基本方法，并能够使用相关软件制作网络广告；能够对网络广告中涉及的图文进行处理，比如图文的排版、图片的颜色处理等	72
网店装修	掌握网店页面布局、页面调整、模块选择的操作方法；能够通过后台选择适宜于网店的模块、配色方案；能够提供后台发布文章、上传图片功能，并对已经上传的图文进行修改	72

第七章　电子商务实践教学体系建设

第一节　职业教育实践教学体系简述

一、实践教学体系的概念与特征

（一）实践教学体系的概念

要理解实践教学体系的概念，先要理解实践教学的概念。笔者通过阅读大量文献资料发现，目前学界对实践教学的认识存在一定的差别，所以针对实践教学概念的界定也不同。俞仲文认为，实践教学就是以培养学生综合应用能力为目标的教学方式，其在高职教育中占有主要地位。[①] 景韵认为，实践性教学的概念为相对于理论教学的所有教学活动的总称，包括校内实验、校外实训、课程设计等。

理解实践教学的具体概念对于形成对实践教学的统一认知具有非常重要的意义。虽然学界的不同认识对实践教学的界定不同，但这也为理解实践提供了全方位的视角，从一定程度上说明了实践教学含义的丰富性。综合来看，为了使大众对实践教学有一个更清晰的认知，笔者认为可以对实践教学界定如下：实践教学就是指学校依据专业性质的不同，以培养各行业人才为目标，通过实验、实训等教学方式，激发学生自主探索、积极思考的潜能，使学生更加深刻地理解知识，提高实践操作技能，并兼具职业素养的一种教学方式。对于实践教学体系，可以从对体系定义——泛指一定范围内或同类的事物按照一定的秩序和内部联系组合而成的整体——的理解中对其做一个界定，即将实践教学活动中各个要素有机地整合为一个整体，使其成为一个完整的体系，从而更加高

① 景韵．高等职业教育教师课堂教学敏感研究 [D]. 重庆：西南大学，2014.

效、有序地运转，进而促进教学目标的实现。

（二）实践教学体系的特征

1. 教育目标的确定性

实践教学体系同课程体系一样具有明确的目标，这是其最基础的一个特征。具体来说，其目标的确定性体现在两个方面：一是总体目标明确；二是阶段目标明确。总体目标是落实行动的指南针，是站在专业发展以及学生发展的基础上制定的终极目标，即最后要实现的目标。在总体目标的基础上，还需要有阶段性目标。因为总体目标太长远，很难将其具体化，这容易导致行动因为失去具体的指导而难以落实，从而影响目标的实现。因此，还要在总体目标的基础上，制定更为明确的阶段目标，最终在一个个阶段目标实现的基础上实现总体目标。

2. 实践内容的动态性

实践教学的实施通常围绕企业生产展开，即便是在校内实训基地进行实践，其实践的内容也不能与行业发展脱轨，而要与企业生产相挂钩。目前，我国正处在快速发展的阶段，科学技术在不断进步，企业的生产也自然会随着社会与科技的发展不断改进和升级。如果实践内容不能随之改进和升级，仍旧停留在老旧的技术与方式上，那么学生掌握的技能也不能满足社会的需求，这样的实践是没有意义的。因此，实践教学体系要呈现出一种动态性的特征，实践教学的内容要随着社会的发展不断变化，与时俱进，从而使其培养的人才能够满足社会发展的需求。

3. 师资队伍的“双师”性

实践教学体系的构建对学校的师资队伍提出了更高的要求。因为实践教学的实施需要教师具备一定的开展实践教学的能力，即教师不仅要掌握一定的理论知识，还要能够熟练地进行实践操作，这样才能确保实践教学的顺利开展。目前，很多职业学校师资队伍的建设都是朝着“双师型”发展。因为职业院校教学的一个重心就是培养学生的技能，而技能不是通过理论得到的，只有不断地实践，才能使学生更好地掌握技能。构建实践教学体系指向的就是学生实践操作能力的提升，作为组织实践教学的一个主体，教师只有符合“双师型”的标准，才能最大限度地提高实践教学的效率。所以对实践教学体系来说，“双师型”教师是不可或缺的。

4. 教学主体的“双主体”性

实践教学体系的构建一方面依托校内实训基地，另一方面依托校外实训基地，即企业。这决定了实践教学体系的实施不是学校一方的事情，而是涉及学校与企业两方的事情，因此具有双主体的特征。在实践教学体系中，企业发挥着重要的作用。虽然很多职业学校都建设了校内实训基地，但由于资金的限制，很多职业学校校内实训基地的规模不是很大。这就需要企业的加入，以作为校内实训基地的一个补充。与校内实训基地相比，企业的环境能够让学生的感受更加真实，且企业内负责对学生进行培训的人员对行业也更加了解，能够给学生提供更加细致的咨询解答和指导。总之，实践教学体系的构建要将企业放到与学校同等重要的地位，从而在学校与企业“两驾马车”的拉动下提高实践教学的质量。

二、实践教学体系的理论依据

（一）情境认知学习理论

情境认知学习理论是西方关于学习理论研究的一个主流理论。该理论认为学习应该在真实的情境中，即教育者通过实践的方式组织教学，让学生同时获得知识与自身能力的发展。这是对情境认知学习理论的简要阐释，如果对其做深入的剖析，可以从如下三个方面做出解读。

其一，情境认知学习理论对知识的解读有其独特的视角。在该理论中，知识不是某一个事物，而是社会个体与社会交互产生的产物。从这一观点来看，知识绝非理论层面的内容，也不是抽象的。它是以一定的情境为基础产生的，所以对知识的获得也应该在一定的情境中，即在具体的实践过程中去获得知识。该理论强调了实践情境对知识获得的重要性，使人们对实践与知识获得的关系认知再次发生了改变。

其二，情境认知学习理论对建构主义进行了一定的借鉴，从学生参与的角度对学习进行了研究，认为当学生能够参与到学习过程之中时，其学习的主动性更强。该观点直观地揭示了学习主体与学习活动之间的关系，即学习者应该作为学习活动的主体参与其中，而不是作为一个旁观者去看、去凭空想象。

其三，情境认知学习理论主要以个体的变化参与为基础，个体在合法参与的基础上获得了实践共同体的成员身份。此处的“合法”并不是指合乎法律规范，而是指要符合学习者的身份地位，结合学习者的实际情况，让学习者利用各种资料充分参与到实践活动中，从而实现实践能力逐步提升。

（二）学做合一理论

学做合一理论最早是由陶行知提出来的。他在美国接受教育的时候，受到美国教育家杜威“从做中学”理论的影响，认为国内的教育理念也应该做出改革，向“从做中学”理论学习。但鉴于中国国情的不同，陶行知没有直接引用杜威的“从做中学”理论，而是创造性地对该理论进行改革，形成了学做合一理论。该理论强调教育要将“学”与“做”联系起来，要改变传统教育“只学不做”的模式。

按照陶行知先生自己对学做合一理论的解释，该理论包含两个方面：一是方法；二是生活。在方法层面，该理论主张教学方法、学习方法和实践方法要形成一个体系。教师的教学方法只是一个方面，而不是全部，要将学生的学习方法以及实践方法融入教育活动中，让学生在这种方法体系中学习知识，获得能力的提升。而生活层面就是要从生活实际的角度出发，对教学方法、学习方法和实践方法进行审视，使其不脱离生活。学做合一理论的创新点是在强调“做”的重要性的同时，也没有忽视“学”的重要性。在探索理论与实践有机结合的契合点的基础上，将两者有机地结合起来，形成了一种更加科学的教育理论。

（三）学习迁移理论

学习迁移理论是指一个人在一种情境中的学习影响他在其他情境中的学习。关于该理论，有形式训练说、桑代克的共同因素说、贾德的概括化理论、苛勒的关系理论等。形式训练说认为，学习迁移是非物质的心灵官能受到训练而自动发展的结果，即通过心灵官能的训练，实现学习的迁移。桑代克的共同因素说认为，只有当两种学习活动具有共同的联结时，才能将第一个学习迁移到第二个学习中。贾德的概括化理论与桑代克的共同因素说是一种对立的学说，该学说认为两种学习活动之间存在的共同联结只是学习迁移的一个前提，并不是关键因素。产生迁移的关键是学习者能在两种活动中概括出它们之间的共同原理。苛勒的关系理论是对贾德概括化理论的进一步深化，该学说认为对情境中关系的顿悟是实现迁移的根本原因。因为领悟事物之间的关系，就能达到概括化，从而形成迁移。

虽然不同的学说对学习迁移理论的解释不同，但学习迁移理论中的一种学习对另一种学习能够产生影响是毋庸置疑的。对于个体来说，学习是一个漫长的过程。这个过程不是间断的，而是具有一定的连续性，即前面学习的知识会成为后面知识学习的基础。另外，在同一时期学习的知识有可能会相互之间产生影响，这种影响与知识的紧密性呈正相关，即两种知识的联系越紧密，两种知识之间的影响就越明显。将其引申到理论教学与实践教学之中，理论教学与实践教学是围绕相同的知识展开的，只是其方式不同，所以理论教学必然会对实践教学产生影响。同样地，实践教学也会对理论教学产生影响。通过学习迁移理论可知，这种影响必然是积极的，是一种相互促进的影响，能够达到一种“1+1 ＞ 2”的效果。

三、实践教学体系的构成

实践教学体系主要由目标体系、内容体系、管理体系、保障体系和评价体系五部分组成，构成“五位一体”的实践教学体系。上述五个部分各自发挥着作用，体现出不同的功能，但又相互影响、相互协调，共同促进实践教学体系总体目标的实现。

（一）目标体系

目标体系是指教育工作者根据学校的人才培养目标，结合本专业自身特点制定的本专业总体及各个具体实践教学环节的教学目标的集合体。在包含实践教学体系在内的任何一种教学体系中，目标体系都是基础，这是引导驱动教学体系运行的关键。就实践教学体系来说，目标体系包括以下几个方面。

（1）培养学生从事某一行业岗位所必须掌握的基本技能与专业技能，并使学生具备一定的职业素养，一般包括实践能力、创业能力、职业素养与职业资格证书等内容。

（2）使学生通过实践对知识有更深刻的认知，同时开阔学生的眼界，使学生的思想在实践中更加活跃和发散。

（3）增强学生的实践情感，培养学生爱岗敬业、认真负责、实事求是的工作态度，同时在对实践工作的探索中进一步培养学生的探索、创新精神。

（二）内容体系

实践教学体系的内容体系是教学目标体系的具体化。通过教学实践以及企业调研，笔者以中职电子商务专业为例，总结了“12345”内容体系。其中，“1”是指一条主线，即内容体系是以培养学生的职业能力与综合素养为主线；“2”是指两个主体，即前文提到的学校与企业，要充分发挥两个主体的作用；“3”是电子商务专业行业的核心岗位——网店客服、网店运营与管理、网店美工，这是实践教学内容的重心所在；“4”是指四级递进的实训课程，即依次通过岗位认知、理实一体、项目实训、顶岗实习实现学生能力的逐步递进（生手、熟手、能手、高手的四级递进）；“5”是指教学内容要注意五个“化”，即学习领域情境化、技能训练岗位化、教学设计项目化、知识讲授应用化、顶岗实习员工化。

（三）管理体系

管理体系对实践教学起到调控的作用，主要包括组织管理、运行管理与制度管理三个方面。

1. 组织管理

学校成立专门的实践教学管理组织，对学校实践教学进行宏观的管理，包括制定管理的措施与方法。各专业结合自身实际情况负责实践教学具体的组织与实施。

2. 运行管理

运行管理指对实践教学具体的运行环节进行管理。各个专业结合自身实际情况，制订实践教学实施的完整计划，并根据计划去落实，过程中要做到六个落实，即大纲落实、计划落实、经费落实、指导教师落实、场地落实与考核落实。另外，为了确保实践教学的有效运行，还需要抓好四个环节的工作，即准备工作环节、初期安排落实环节、中期开展检查环节和结束阶段的成绩评定及工作总结环节。

3. 制度管理

制定一系列关于实验（实训）、实习和学科竞赛等方面的实践教学管理文件，以保障实践教学环节的顺利开展。实践教学文件和管理制度包括实践教学计划，实践教学课程大纲和教材，实践指导书，实训项目单、卡，实验报告等实践教学文件和各实践教学环节管理制度。

（四）保障体系

保障体系是实践教学有效实施的保障，包括师资队伍、实践教学经费、实训基地等内容。

1. 师资队伍

教师是实践教学体系构建的人力资源保障。只有教师具备组织实践教学的能力，实践教学的质量才能得到保障。这是很多职业学校构建“双师型”师资队伍的一个重要原因，也是学校引进企业人员担任兼职教师的一个原因。

2. 实践教学经费

实践教学经费是构建实践教学体系的经济保障，因为实践教学的实施需要投入一定的经费。通常情况下，职业学校在每个学期都会按照计划下拨经费，并确保专款专用，从而确保实践教学计划的顺利实施。

3. 实训基地

实训基地是实践教学体系构建的场地保障。实践教学的开展离不开实践场地，所以必然需要建立实训基地。目前，职业学校的实训基地有校内实训基地与校外实训基地之分，校内实训基地是由学校出资建设的，校外实训基地一般由与学校有合作的企业提供。校内实训基地与校外实训基地相互补充，共同支持实践教学体系的构建。

（五）评价体系

评价体系是对实践教学进行总结和评价的系统，在实践教学体系中起着反馈和调节的作用。实践教学的评价是一个动态的过程，即针对不同的环节，采取不同的教学评价方式，其评价的重点也不同。以岗位认知、理实一体、项目实训、定岗实习四个阶段为例，在岗位认知阶段，应注重学生学习态度的评价与过程性评价；在理实一体阶段，需要制定考核评价的量化指标，并注重过程评价与结果评价相结合；在项目实训与定岗实习阶段，因为设计的内容较多，考核的程序也比较复杂，所以评价指向的面也较多，包括学生工作能力、工作态度以及综合素质的评价。评价主体需要教师和企业负责人员共同参与，在这两者中以企业负责人员的评价为主，教师的评价为辅。另外，还需要对实践教学的整个过程进行督导检查，时刻了解实践教学的效果，然后进行调整和完善，从而保障实践教学目标的完成。

第二节　电子商务实践教学体系建设路径

一、构建以“五融三导”为指引的实践教学理念

通过对中等职业学校电子商务专业以及电子商务行业发展的特点进行分析，笔者发现实践教学体系的构建需要兼顾学校、企业、学生、行业等多个方面的因素。基于这一考虑，笔者认为电子商务实践教学体系的构建要做到五个融合：课程标准和职业标准融合、课程内容和工作任务融合、学习角色和职业角色融合、教学过程和工作过程融合、教学做相互融合。这样，所构建的实践教学体系才是综合多方面因素形成的体系，才更能满足社会实际发展，也才能保障实践教学的质量。此外，在构建实践教学体系的过程中，还需要做到三个导向——以就业创业为导向、以项目引领为导向、以实战为导向，形成“五融

三导”的教学理念，如图 7-1 所示。

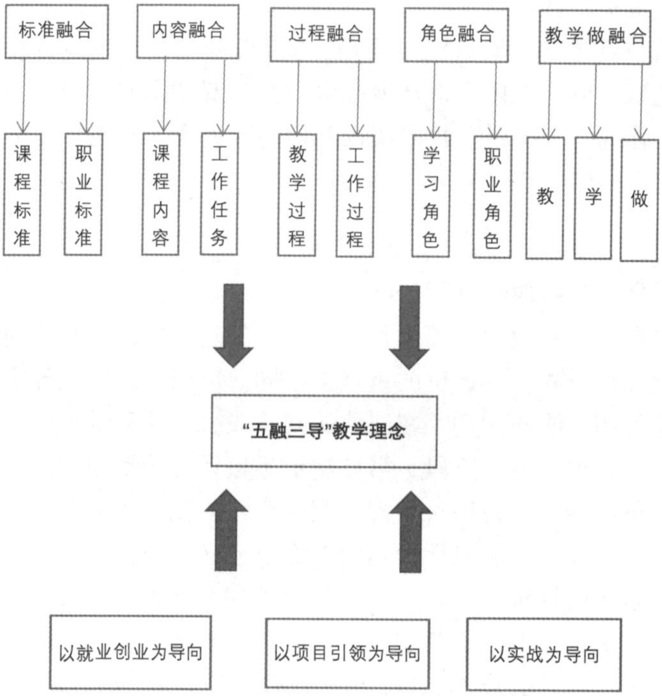

图 7-1　“五融三导”教学理念示意图

二、构建电子商务实训体系

构建实训教学体系就是通过模拟或者实践的方式，对学生进行技术应用能力的训练。在实践教学体系的构建中，构建实训体系是一个重要的路径。图 7-2 所示是笔者所在学校构建的云媒互动校园实训中心。中职电子商务专业实训体系的构建可以从基本技能实训与综合技能实训两个方面着手。

图 7-2　云媒互动校园实训中心

（一）电子商务基本技能实训

中等职业学校电子商务专业涉及的基本技能很多，这些基本技能一般在基础课程中完成，如现代商务基础、计算机应用基础、电子商务基础等。基础课程大多以理论为主，但其实也可以考虑构建一个基本技能的实训体系，将基础课程中涉及的基本技能纳入其中，然后通过实训锻炼学生的基本技能。例如，打字的技能、信息搜集的技能、基本单据处理的技能等，均可以通过技能实训的方式实现。

（二）电子商务综合技能实训

电子商务综合技能实训是在基本技能实训的基础上，为了使学生对电子商务架构有一个更为深入的认知，并为后续的定岗实习奠定基础而构建的实训课程。电子商务综合技能实训主要包括电子商务交易实训、电子商务编辑设计实训、网店经营实训、电子商务营销模式实训等内容。

1. 电子商务交易实训

从某种意义上说，电子商务其实就是一个商务交易的过程。这个过程仅仅通过语言的叙述很难有深入的理解和体会，虽然如今网购已经变得很寻常，一些中职生也在网上购买过东西，但多数人都是以购买者的身份参与，并没有作为商家参与过网购。而从不同的身份角色参与网购，形成的体会与认识是完全不同的。在电子商务教学中，教师不可能让学生真正进行网络交易，但是可以借助一些电子商务交易的模拟系统，让学生在模拟系统中进行交易，以此让学生了解电子商务交易所涉及环节的相关知识。在模拟的过程中，学生可以依次扮演供应商、消费者、采购者等角色，从而让学生从多个角度对电子商务形成更加全面的认知。

2. 电子商务编辑设计实训

对于中职生来说，在电子商务所需要的各项能力中，编辑设计类相关的能力是较难在课堂中获得的，需要通过实践操作去让学生理解和获得。例如，能够进行网店信息内容的采集、编辑、发布等；能够进行网站栏目的设计、规划和拓展；能够进行网站的风格的规划设计、页面装修、logo 设计、美化图片等；能够进行网店商品信息编辑、发布、数据包的制作等。如果不进行实践操作，这些能力将很难获得，所以还需要针对这些难点让学生在模拟系统中进行实际操作，从而让学生在实训中获得能力的提升。

3. 网店经营实训

在初步掌握电子商务的一些技能后，教师可以组织学生个人或几个人一组，开设个人网店。开设网店后对网店页面的设计、网店商品的分类布置、网店的推广等都由学生自己或小组来完成。这样，通过实际经营一个网店，让学生将网店经营涉及的全部流程都接触一遍甚至多遍之后，学生对知识的掌握一定会更加牢固，对网店经营的认识会更加深刻。

4. 电子商务营销模式实训

我国电子商务正处在一个快速发展的阶段，电子商务的营销模式也在不断地发生着变化。比如，近几年兴起的直播带货、短视频营销等，有着非常广阔的市场。虽然目前直播带货市场有些野蛮生长的态势，但随着相关约束政策的出台，直播带货将会逐渐向着良性的方向发展。因此，学生需要了解这些新兴的营销模式，并掌握直播带货、短视频营销的相关方法与技巧。

三、构建四层实践台阶

依据中职电子商务实践教学的内容特点以及中职生的发展特点，将实践教学课程依次由简到难设置为四个层次，构建四层实践台阶（图 7-3），从而让学生的实践能力在由易到难的实践训练中逐步获得提升。

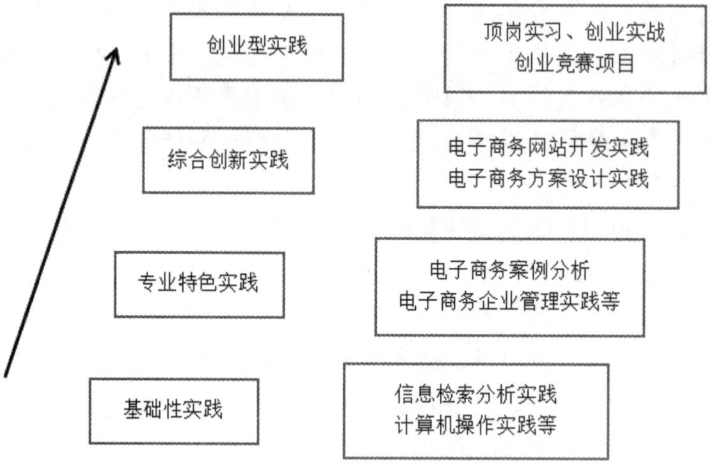

图 7-3　四层实践台阶示意图

（一）基础性实践

基础性实践的目的在于为学生后续的发展奠定坚实的基础。虽然基础部分大多为理论性的知识，但有些内容也需要学生通过实践才能更好地理解和掌握。

另外，基础阶段的学习也是培养学生实践能力的一个开端。对于刚刚升入中职学校、接触专业课程的学生来说，他们在义务教育阶段接受的教学中，实践课程通常较少，实践能力大多有所欠缺，需要一个逐步提升的过程，所以在入学开始设置一些基础性的实践教学非常有必要。因此，在学生入学的第一学年，电子商务专业便需要根据教材内容安排，设置一些基础性的实践内容，如信息检索分析实践、计算机操作实践等。

（二）专业特色实践

当学生具备一定的基础性实践能力，能够进行计算机与电子商务的基础性操作之后，便可以在培养学生通用技能的基础上，对学生进行专业特色实践训练。相关的实践课程可以安排在职一的下学期到职二的上学期这一阶段。实践课程的方向主要包括电子商务案例分析、电子商务金融、电子商务企业管理等，让学生对电子商务相关的专业技能有更为深入的认识，并熟悉电子商务活动涉及的实际操作。

（三）综合创新实践

综合创新实践旨在让学生从单项技能训练转向综合技能训练，同时在综合性的实践中促进学生创新能力的发展。前两个阶段的实践训练，无论是基础性的实践训练，还是专业特色的实践训练，都属于单项技能训练的范畴，但电子商务行业对人才的要求是综合性，即在某一方面能力突出的基础上还需要具备综合性的能力。其实，任何行业都是如此，很多工作的完成并不是依靠某一种能力，而是依靠多种能力。因此，在学生基本掌握电子商务单项技能之后，还需要设置综合性的应用实践课程，如结合与学校合作企业的电子商务项目，让学生经历电子商务网站开发应用、电子商务方案设计实施等，从而让学生在综合性的实践中系统性地理解电子商务的经营理念、经营流程与经营模式。另外，在学生综合实践的过程中，引导学生积极创新，包括对电子商务经营理念、经营流程与经营模式等各方面的创新，这些创新可以不具备操作的可行性，但一定要鼓励学生大胆创新，不可局限在现有的模式之中。创新，是当前这个时代最为宝贵的能力，具备一定的创新能力对学生今后的职业发展具有非常积极的意义。综合创新实践课程可以安排在职二下学期到职三这一阶段。

（四）创业型实践

关于电子商务创业，笔者在第五章进行了系统的论述。虽然中职学生在知识掌握的系统性上还有一定的不足，但也已经初步形成了系统性的知识，能够支撑学生创业的需要。但是，创业除了需要系统的知识之外，还需要创业能力的支撑，而创业能力的培养离不开实践训练，所以还需要设置创业型的实践课程，以培养学生的创业能力。创业实践课程的设置可以从以下三个方面展开。

其一，让学生参与顶岗实习，让学生在实习中体验电子商务企业运营的真实环境，缩短学生与企业的“磨合期”，让学生真正了解创业需要具备哪些技能、需要注意哪些事项。

其二，将学生的创业活动融入电子商务教学中，即在教学课堂中引入创业实战。例如，学生在开设网店和运营网店的时候，需要掌握的知识与技能有产品的拍摄、图片的处理、网店的装修、网页的制作、推广以及顾客服务等。也就是说，如果将这些技能分成独立的一门课程的话，很容易让学生学习了一门技能以后将前面学的内容忘记。而将创业实战引入课堂中，教师就可以将学生要学习的知识与创业实践活动进行很好的结合，不仅能加速学生的理解和运用，还能让学生更加直观地去理解和掌握这些知识，并获得创业能力的提升。

其三，依托创业竞赛项目开展创业实践教学，即教师设计一些创业竞赛项目，学生围绕这些项目进行创业实践。针对教师设计的创业项目，学生可以自由地结成小组，然后对项目进行分析，分析之后便通过小组分工进行资料的查找，并制定创业方案，最后根据创业方案展开实施。在学生针对创业项目进行分析和设计的过程中，教师需要随时针对学生提出的问题进行指导。但教师仅限于指导，即为学生提出解决问题的思路，而不是直接为学生解决问题。另外，在学生完成项目之后，教师需要对学生的项目进行评价，让学生知道有哪些需要改进的地方。

总之，在“大众创业”的时代背景下，创业已经成为学生职业发展的一个选择。尤其是对电子商务的学生来说，面对电子商务的广阔市场以及较为成熟的电子商务平台，创业成功的可能性更高。因此，在实践教学体系中，创业实践的内容不可或缺，同时充当“四层实践台阶”体系中的第四层台阶，其作为对学生高阶能力培养的重要内容，为学生今后的职业创业打下了一个坚实的基础。

四、构建模块化实践教学模式

模块化实践教学模式与“四层实践台阶”的模式类似，就是将中职电子商务的实践教学分为基础实践模块、提高实践模块和综合实践模块。其中，基础实践模块以培养学生分析问题、解决问题的能力以及基本操作技能为主；提高实践模块以项目设计、技能训练等为主要方式，旨在培养学生综合把握的能力；综合实践模块通过实训以及实习，进一步培养学生的专业技能以及解决实际问题的能力，同时提高学生综合运用专业知识、专业技能的能力。由此可见，模块化的实践教学模式与“四层实践台阶”模式不仅是在模块划分上不同，在实际的操作中也有区别。下面，笔者便由此就基础实践模块、提高实践模块和综合实践模块做进一步的论述。

（一）基础实践模块

在中职阶段，基础实践模块中涉及的实践内容主要为基础专业技能方面，其场所基本在校内的实训基地。基础专业技能实践通常有两种类别，一种是示范类的实践课程，另一种是操作类的实践课程。示范类的实践课程一般作为理论课程的补充，学生不参与实践过程，由教师示范，学生观看。操作类的实践课程将操作的主体转移给学生，即让学生反复进行实践操作，旨在让学生通过反复的实践训练熟悉操作的流程，并掌握操作的重点。

（二）提高实践模块

提高实践模块主要以操作性课程为主，旨在让学生通过反复的实践训练掌握专业技能，获得实践能力的提升，同时达到初步形成职业素养的目的。对于学生的专业技能，可以以任务布置的方式，即将专业技能设置成任务，让学生自由结成小组，在实训基地中通过小组内的谈论和分析完成任务。另外，学校还可以定期组织一些竞赛活动。竞赛活动需要包括商品拍摄、网店装修、网络编辑、网店运营、客户服务等各个模块的内容，让学生充分运用自己所学的知识，发挥自己的潜能，从而在赛事中获得实践能力的提升。

（三）综合实践模块

综合实践模块对学生综合运用知识和技能的要求更高，所以综合实践模块的课程不再局限于校内实训基地，而是要让学生进入企业顶岗实习，让学生在真实的企业环境中去体验。另外，综合实践模块对学生的创新创业能力也提出了一定的要求，所以该模块中涵盖了一些对学生创新创业能力训练的实践内容，具体内容的落实可以参考本节第三点中的“创业型实践”内容，这里笔者不再赘述。

五、深入落实“校企合作”育人模式

实践教学体系的构建离不开企业的支持。因为相较于校内实训基地来说，企业的环境更加真实，是学生实践的不二选择。因此，深入落实“校企合作”的育人模式也是构建实践教学体系一个新的必由之路。目前，校企合作的实践育人模式主要有“2+1”和“工学交替”两种实践教学方式。

（一）“2+1”实践教学方式

“2+1”实践教学方式是我国高职院校在探索产学研结合教育方式的过程中，通过不断地改变教学内容、调整教学方式和模拟学生实习方式而形成的一种实践教学方式。该种实践教学方式在诞生之后，便广泛应用到职业教育中，包括中等职业学校教育。“2+1”中的“2”指的是三年学生生涯中的前两年，即前两年的时间在学校学习专业知识，并在校内实训基地中进行与知识相匹配的实训；“1”指的是三年学生生涯中的最后一年，即最后的一年要到企业实习，其间，穿插一些专业知识的学习。从表面看，“2+1”的实践教学方式就是简单地将三年的学习时间划分为一个“两年”和一个“一年”，但从其具体的操作可知，实践并不是仅仅集中在最后一个学年，而是贯穿学生三年的学习时间，只是实践的场所、内容、时间不同。所以，“2+1”中的“2”和“1”只是粗略的划分，在具体的操作中还需要注意很多的细节。

对于高等职业学校而言，“2+1”中的“1”有两个选择方向：一是进行企业顶岗实习；二是进行课题攻关。课题攻关就是学生选择毕业课题后，到学校合作的企业学习和了解关键技术，用以指导自己的课题。在这个过程中需要学校以及企业提供一定技术指导，从而在不断解决问题的过程中完成课题攻关。对于中等职业学校来说，课题攻关较少，大多采取第一种方式，即顶岗实习。学生以工人的身份到企业中，从事与其专业相关的工作，在这个过程中，学生会获得在课堂中不能获得的经验性知识。在顶岗实习的过程中，学生不可避免地会遇到各种各样的问题，这些问题是学生在学校的学习过程中所没有遇见过的，是现实存在的问题。这些问题相对复杂，涉及范围也比较广，这就需要学生脱离课堂知识的局限性，以一个更加开阔的视野去面对问题，然后灵活地运用所学知识解决问题，从而在加深对专业知识理解的基础上，提升自己的综合素质。另外，在顶岗实习的过程中，有些工作需要同事之间相互协作完成。学生有些自己解决不了的问题也需要请教公司里的前辈，这也能够帮助学生体验到在实际工作中人际关系的重要性，并学会如何与他人更好地合作。总之，通过“2+1”实践教学方式，学生体验到了真实的工作环境，掌握了一定的实践操作技能，使学生在毕业后顺利进入工作岗位，并能够胜任企业安排的工作，实现了从学校到企业的无缝衔接。

（二）“工学交替”实践教学方式

“工学交替”作为一种校企合作的常见形式，其特点凸显在“交替”二字上，即在校学习与顶岗实习是交替进行的，而不是像“2+1”那样分开进行的。“工学交替”实践教学方式依据的是“实践—理论—再实践”的认识规律，将理论教学与实践教学紧密结合，旨在使学生在反复的“理论”与“实践”中加深对知识的理解，同时锻炼学生的实践操作能力。在实施工学交替实践教学模式的过程中，作为实施主体一方的企业要为学生提供良好的实习场所，即让学生体验到企业真实的工作环境，而不是形式化地将学生安排在一些无关痛痒的岗位上，这样便失去了实习的价值。

另外，笔者通过分析资料和实践发现，目前工学交替的实践教学模式也存在一些问题。首先是学校层面。由于工学交替实践教学模式是顶岗实习与在校学习交替进行的，在内容上和时间上需要更强的灵活性，这就需要学校提前做好教学计划。而且学生在顶岗实习中可能会遇到很多问题，这些问题都会通过企业反馈到学校，学校需要针对这些问题调整学生下一步的培养计划，这无疑增加了学校人才培养的投入。其次是企业层面。企业提供给学生的岗位工作虽然与学生专业相关，但很难和学生学习到的知识百分百匹配，这就导致了企业实习与学校教学内容上的冲突。在该模式中，企业付出的成本往往更高，而企业经营的目的是获得利润，过高的投入有时会导致部分企业降低校企合作的意愿。最后是学生层面。学生在短短的三年时间里，身份要发生数次的改变，这对中职阶段的学生来说，有时难以适应角色的转换，并产生心理上的冲突或不适，从而影响学生在校学习以及顶岗实习的效率。针对上述问题，学校一定要认真对待，尽量避免问题的出现，或者将上述问题的影响降到最低，从而使“工学交替”这一方式的效益最大化。

第三节　电子商务实践基地的管理

一、校内实训基地的管理

（一）校内实训基地的建设模式

校内实训基地建设模式的不同决定着校内实践基地的管理主体不同，而管理主体的不同自然也决定着管理方式的不同。目前，校内实训基地的建设模式主要有如下几种。

1. 政府、学校、企业共建型

政府、学校、企业共建型的实训基地是指由学校、政府、企业共同出资建设实训基地，各方的投资比例通过各方协商而定。该种实习基地建设模式因为由政府、企业和学校多部门负责，所以能够充分利用多个部门的技术、资金等，从而提升实训基地的建设水平。其缺点是合作的基础不牢固，管理协调也相对复杂，需要多方多次协商才能构建较为完善的运行管理制度与管理办法。

2. 校企合作共建型

校企合作共建型的实训基地是指由企业与学校合作建设的实训基地，这是一种相对自由的模式。学校与企业之间只要有合作的需求，便可以展开工作，共同在校内建设实训基地。该种实习基地建设模式降低了学校建设实训基地的成本，而且因为借鉴企业的管理模式，实训基地的场景更接近企业环境，有助于提高基地的实践教学水平。其缺点是该种实训基地受企业的影响较大，有时企业会与学校教学产生冲突，所以如何界定好校企双方的职责非常重要。

3. 政府、企业共建型

政府、企业共建型实训基地是指在学校出资的基础上，各级政府给予一定的财政补贴，共同建设实训基地。政府的财政补贴主要起到扶持、鼓励和引导的作用，即鼓励更多的学校建设实训基地，改善学校教学环境，从而为社会发展提供高质量的人才。在该种基地的建设模式中，虽然有政府出资，但政府对实训基地的管理并不会有过多的约束。实训基地的管理权基本掌握在学校手中，所以学校在管理上有着较大的自主性。

4. 学校独资建设型

学校独资建设型实训基地是指由学校一方出资建设的实训基地，该类型的实训基地在民办中职学校中较为常见。但由于实训基地建设需要较高的经费支出，基地的规模会受到学校资金情况的影响，即学校资金充裕，实训基地的规模一般较大；学校资金匮乏，实训基地规模较小或没有实训基地。由于是学校独资建设，学校完全掌握着对实训基地的管理权，学校能够结合自身实际情况制定更为适宜的管理规范。

（二）校内实训基地的管理

通过分析校内实训基地建设的模式，可以确定校内实训基地管理的主体主要有学校和企业两者（政府主要给予资金支持，不参与管理）。所以，校内实训基地的管理可以分为学校管理、校企共同管理和企业管理三种模式。

1. 学校管理

在政府与学校合资建设以及学校独资建设的模式中，校内实训基地的管理主要由学校负责。学校可以结合学生课程计划自由设置学生的实践课程，不受外界因素的干扰，可以很好地将理论课程与实践课程结合起来。由于电子商务发展迅速，实训基地设备的更新、更换等也都由学校负责，包括软件的更新换代、电脑设备的升级等。另外，实训基地也可以作为教师科研的场所，学校可以根据教师科研情况为教师分配科研资源，辅助教师完成教学研究。

2. 校企共同管理

在校企合作共建的校内实训基地中，由于企业与学校都有资金投入，所以管理体制往往以股份制为主，即拥有股份的双方——学校和企业都有管理实训基地的权力。由于管理的主体是两个，双方为了避免产生过多的冲突，也为了使双方的利益最大化，校企双方往往会通过协议的方式明确各自的责任与权利，并在此基础上设置实习基地管理委员会，委员会由学校与企业两方人员共同组成。在学生学习期间，实训基地主要用于学生实践操作与学习；在学生放假期间，实训基地空闲下来，这时可以作为学生实习的一个场所。总之，校企共同管理的模式相对复杂，双方必须确定好责利关系，才能提高实训基地管理的效率，从而真实发挥实训基地的价值。

3. 企业管理

在校企共建校内实训基地的模式中，有一种情况比较特殊，就是企业投入资金占比非常大，这时实训基地的管理权更多地掌握在企业手中。在这种模式中，企业出于对自身利益的思考，会投入大量的资金，在学校建设较为完整的工作体系。虽然企业的投入较大，但因为学校提供场所，所以企业可以节省大量的投入资金。此外，企业可以借助学校的社会影响度提升自己的影响力，同时借助学生实习降低人力资源的投入成本。

二、校外实训基地的管理

（一）电子商务校外实践的实施细则

相较于校内实训来说，校外实践更为复杂。学生需要离开学校到校外实训基地进行实训，也会涉及企业，所以需要制定校外实践实施细则，以便更好地进行管理。

1. 电子商务校外实践中各方职责界定

（1）学校的职责。在电子商务学生的校外实践中，学校主要负责以下几点。

①负责与当地电子商务企业进行沟通和联系，尤其是争取整体实力较强的企业并建成校外实训基地，从而拓宽学校校外实习的渠道，巩固学校校外综合实践的资源。

②结合电子商务专业的教学计划以及企业的工作特点，共同制定学生校外实践的总体规划、实践的内容、实践的程序等文件，同时制定学生实践的管理细则，制定学生实践考核方法，对学生实践进行全程的监督评价。

③组织召开学生校外实习会议，为学生讲述校外实习的相关事宜与管理制度，同时对学生进行校外实习的安全教育，并让学生签订校外实习协议书。

④定期组织相关人员到学生实习企业进行巡查，统计学生实习的基本情况，并进行整理和考核，对实训中表现优秀的学生予以一定的奖励。

（2）学生实习企业的职责。

①学生到企业实习后，企业便成了学生的直接管理者，企业要负责学生日常工作的管理以及学生的安全教育工作，并按照校企签订的学生实习协议积极落实实习计划。

②企业内负责学生实习的工作人员要做好对学生日常工作的指导，包括学生技能训练指导，同时负责学生业务的考核以及实习的鉴定工作，并填写学生岗位能力评价表（表 7–1），这是学校评价学生实习情况的一个重要指标。

表 7-1　学生岗位能力评价表

学生岗位能力评价表												
学生姓名			所属学校					所属专业				
所属班级			实习部门					实习岗位				
能力结构	工作的基本素质				工作的通用能力				工作的专业能力			
观察点	岗位守纪	敬业精神	团队精神	文明懂礼	书面表达能力	计算机应用能力	自我提升能力	交往沟通能力	实际操作能力	分析解决问题能力	业务理解能力	创新能力
比重	5	5	5	5	5	10	5	5	20	15	10	10
评分												
总分												
指导人员评语												
实习企业意见												

2. 学生参加电子商务实践的纪律与安全要求

（1）学生在离校到企业实习之前，要了解实习相关的事宜与实习管理规范，填写学生校外实习任务书（表 7–2）。

（2）严格遵守实习管理规范，实习期间没有特殊情况不得擅自离开实习岗位，如果未经企业负责人员或学校指导教师的同意擅自离岗，将进行严格的考核。

（3）学生到岗后三天内向负责学生实习的教师简要报告到岗情况，并将岗位工作的作息时间告知教师，以便教师结合学生工作时间安排相关事宜。另外，保证每周与校内指导教师联系一次，简要说明实习情况、有无特殊问题，如果实习岗位或地点发生变化，要及时告知教师。

（4）学生要服从实习企业的工作安排与管理，如果违反企业管理规定或者因为品德等问题被企业退回学校，将对学生进行严厉的处罚。

（5）具有高度的安全防范意识，严格遵守企业以及社会安全管理规定，不将自己置身于危险环境中；对于需要签订保密协议的企业，学生要严格遵守保密协议的规定，不泄露企业的保密信息。

（6）根据岗位工作的安排制订自己的工作计划与学习计划，发扬爱岗敬业、谦虚好学的精神，锻炼自己的实践操作技能，并每天填写学生校外实习任务书总结实践经验。

表 7–2　学生校外实习任务书

<table>
<tr><th colspan="8">学生校外实习任务书</th></tr>
<tr><td colspan="8">说明：根据教学计划以及实践教学安排，现要求学生到企业进行实习，该任务书需要学生在实习前阅读填写，了解实习要求，希望每一位学生都能够认真且高质量地完成实习任务</td></tr>
<tr><td>姓名</td><td></td><td>学校</td><td></td><td>专业</td><td></td><td>班级</td><td></td></tr>
<tr><td colspan="2">实习的单位与岗位名称</td><td colspan="6">此处根据学生实习的实际情况进行填写</td></tr>
<tr><td colspan="2">学生所在岗位的职责</td><td colspan="6">此处根据学生实习的实际情况进行填写</td></tr>
<tr><td colspan="2">学生所在岗位对学生能力的要求</td><td colspan="6">此处根据学生实习的实际情况进行填写</td></tr>
</table>

续　表

<table>
<tr><th colspan="2">学生校外实习任务书</th></tr>
<tr><td>实习的主要任务与要求</td><td>1. 操作性技能要求
（1）简要阐述实习岗位对技能的要求；
（2）分析掌握岗位所要求技能的难度与学习方式；
（3）争取考取与岗位技能相关的国家资格证书
2. 总结要求
（1）详细阐述在实习岗位中遇到了哪些困难、有哪些收获；
（2）分析实习过程中自身存在的不足以及改进的路径；
（3）撰写实习总结报告</td></tr>
<tr><td>学校指导教师签名：
教师联系电话：</td><td>企业指导人员签名：
企业指导人员电话：</td></tr>
<tr><td colspan="2">企业负责人意见：

签名：
年　月　日</td></tr>
<tr><td colspan="2">电子商务专业主任意见：

签名：
年　月　日</td></tr>
</table>

3. 电子商务校外实践的考核

（1）考核原则。实习企业要严格落实学生实习协议，对学生进行实习指导，并由相关人员负责对学生工作进行考核与评价。学校指导教师要定期到学生实习企业对学生实习情况进行考察，并记录学生的实习情况。无论是企业还是学校，在对学生实习工作情况进行记录和评价的时候，都要尽量保证公平、客观和全面，不要加入自己的个人情感，也不要仅仅考核学生的工作能力，要综合考核学生的素质与能力。

（2）学生实习成绩评定。学生实习成绩评定由实习企业指导人员评定与校内指导教师评定两部分组成，其分值占比分别为70%与30%。企业指导人员评定可参考其填写的学生岗位能力评价表（表7-1）；校内教师评定由其定期的巡查情况以及学生的汇报情况组成。最后的评定方式为等级制，分为优秀（90～100分）、优良（80～89分）、良好（70～79分）、及格（60～69分）、不及格（60分以下）五个等级。学校根据学生的得分情况予以学生一定的奖励。

（二）不同校外实训基地模式的管理

1. 政府投资建设的共享型校外实训基地管理

政府投资建设的共享型校外实训基地是面向社会公开的资源共享平台，其建设的目的是促进区域的经济发展。从某种程度上说，共享型校外实训基地是政府服务社会的一个窗口，社会公众可以利用该平台为自己服务。共享型校外实训基地的最大特点就是开放性与共享性。当然，由于现实客观条件的限制，该种实训基地的数量并不多，且面向社会的开放性也没有完全体现，这需要进一步完善制度，在保障运转效率的基础上进一步提升其开放性。

在具体的管理中，可以参考现代企业的管理模式，构建企业化的运行机制，具体涉及两点。其一，采取董事会领导下的校长负责制，董事会负责对一些重大事情的决策，校长则负责更为具体的管理工作，包括对基地教育、市场和经营的管理。其二，在董事会的领导下，将基地的生产与人才培养结合起来，按照“一个班子、两个体系”的模式进行运转，从而在完成生产任务的同时为学校的人才培养服务。

2. 校企共建校外实训基地的管理

校企共建的校外实训基地通常依托企业建设，即借助企业现有的场地与设备建设学生实训基地，这是目前最为常见的一种校外实训基地形式。通过校企合作建设校外实训基地，学校可以减少校内实训基地建设的投入，同时借助企业的真实环境达到培养学生实践能力与学生职业素养的目的；而企业可以用较低的经济支出获得一定的人力资源，并借助学校的社会影响力提升企业的知名度和信誉度。由此可见，校企合作共建校外实训基地对企业和学校来说是一种双赢。

在具体的管理中，虽然我国校企合作已经有一段历史，并且探索总结了一些经验，但由于教学环境的快速完善，对校企合作实训基地管理的要求也在不断提高。基于这一背景，针对校企合作校外实训基地的管理可以从如下两点入手。其一，加强校外实践的运行管理。学校在教师与企业工作人员之外，可以邀请一些专家、学者等加入校外实践管理体系中，成立专业管理委员会，对学生校外实践共同进行管理。建立的委员会每学年召开 2 ～ 3 次会议，对学生的校外实践进行分析和总结，并提出有效的指导意见。其二，构建合理的校外实践考核评价体系。同校内课程一样，校外实践也需要考核，这样才能更有效地约束学生的行为，提高学生对校外实践的重视。

3. 松散型校外实训基地管理

对于电子商务企业来说，有些规模较小的企业可能无法承受较大规模的学生实训，这就需要学校将学生分散到几个企业中，采取松散型的校外实训方法。由此可见，松散型校外实训基地其实属于校企合作共建校外基地模式，只是学生实习的基地不局限于某一个，而是由数个企业承担的。但由于涉及的企业数量变多，而且有些企业的合作也是短期的，管理上难度也自然有所增加，需要学校结合各个企业不同的特点进行合理的安排。

相较于集中型的实训模式，松散型实训模式虽然在管理上难度较大，但同样也具有诸多的优点。第一，能够更加合理地安排学生的实习岗位。如果将学生集中安排在一个企业，可能会因为企业岗位的限制，导致一些学生安排的岗位和其专业的关联性不大，这就起不到对学生技能锻炼的目的；而松散型实训模式因为可选择的企业较多，所以有更多的岗位选择，从而使每一名参与实习的学生都能够得到技能上的锻炼。第二，有助于减轻企业负担。对于企业来说，如果实习人数超出其负担范畴，反而会降低其经济效益，这会影响企业参与校企合作的热情，影响后续的合作；而松散型实训模式因为合作的企业较多，学校可以根据企业的要求安排适宜的人数，从而降低企业的负担。第三，有助于师资队伍建设。在前文提到的师资队伍建设路径中，教师到企业实践学习、邀请企业骨干担任兼职教师是两个主要的路径。显然，学校合作企业的增多也拓宽了教师队伍建设的路径。

在具体的管理中，面对数个企业，学校可以从如下两点做出思考。其一，建立畅通机制，即将几个实习基地连接起来，而不是分散管理。分散管理不利于学生实习步伐的一致性，也不利于学生实习信息的总结归纳。所以，学校需要建立畅通机制，使分散的实习基地能够有机协调统一起来。其二，加强后续的转化，即在学生实习的过程中加强和企业的沟通，尤其是加强短期合作企业的沟通，争取将这些短期合作的企业转化为长期合作的企业，从而拓展学校校外实训基地的规模与渠道，使学生有更多的选择，同时提高学校实践教学的水平。

附　录

电子商务专业市场调查问卷

为了进一步提高电子商务专业人才培养的质量，保证电子商务专业培养的人才与行业发展紧密结合，笔者特意设计此调查问卷。您的宝贵意见将为我校专业建设提供更为完善的数据支撑与行业指导。恳请您在百忙之中抽出宝贵的时间，对于您所提供的信息我们仅用于教学研究，并为贵单位保密。衷心感谢您的支持与合作。

1. 贵公司的性质是（　　）。

A. 机关事业单位　　B. 国有企业

C. 私营企业　　D. 外企

E. 其他（请注明）

2. 贵公司的规模为（　　）。

A. 50 人以下　　B. 50 ～ 200 人

C. 200 ～ 1 000 人　　D. 1 000 人以上

3. 贵公司对电子商务相关岗位员工的最低学历要求（　　）。

A. 中专学历　　B. 高职学历

C. 普通本科学历　　D. 研究生及以上学历

4. 贵公司发展对电子商务相关岗位人才需求的趋势是（　　）。

A. 增加　　B. 减少

C. 不变　　D. 不定

5. 贵公司对员工的哪些个人素质比较重视（依次选出前四位）？

1. ______；2. ______；3. ______；4. ______。

A. 爱岗敬业　B. 吃苦耐劳　C. 团队协作　D. 忠诚守信

E. 待人真诚　F. 追求上进　G. 无私奉献　H. 其他（请注明）

6. 贵公司对员工的哪些社会能力比较重视（依次选出前四位）？

1. ______；2. ______；3. ______；4. ______。

A. 语言与文字表达能力　B. 人际交往沟通能力

C. 分析问题与解决问题能力　D. 心理调适与抗压能力

E. 组织与协调能力　F. 综合分析决策能力

G. 持续学习能力　H. 其他（请注明）

7. 贵公司适合电子商务毕业生就业的岗位有哪些（　　）。（可多选）

A. 电子商务营销　B. 客户服务

C. 商务数据分析　D. 网络推广

E. 产品营销　F. 电商运营管理

G. 电子支付　H. 物流管理

I. 淘宝网相关管理工作　J. 电商仓储管理

K. 其他（请注明）

8. 贵公司对电子商务专业人才的技能要求有（　　）。（可多选）

A. 网络推广能力　B. 数据分析能力

C. 商品采编能力　D. 网络营销工具使用能力

E. 新媒体营销能力　F. 网站后台操作管理能力

G. 网络客户服务管理能力　H. 物流管理能力

I. 网络交易管理能力　J. 电商仓储管理能力

K. 网站内容维护能力　L. 创新能力

M. 其他（请注明）

9. 贵公司对电子商务相关岗位从业人员是否有资格证书的要求？（　　）。

A. 有　B. 无

10. 贵公司认为电子商务专业毕业的学生普遍存在的问题有（　　）。

A. 缺乏合作意识与能力　　B. 客户服务意识薄弱
C. 专业操作能力弱　　D. 心理调适与抗压能力较弱
E. 缺乏职业态度与能力　　F. 缺乏创新能力
G. 缺乏吃苦耐劳的精神　　H. 学习能力弱
I. 其他（请注明）

11. 您认为通过哪些途径可以弥补学生上述不足之处？（　　）。
A. 增加实践教学比重　　B. 增加社会实践活动
C. 加强校企合作　　D. 加强学生综合素质教育
E. 其他（请注明）

12. 贵公司是否有校企合作的意愿？（　　）。
A. 有　　B. 没有
C. 可以考虑

13. 如果贵公司有校企合作的意愿，您更倾向哪种合作方式？（　　）。
A. 合作进行项目的开发　　B. 共同制订人才培养计划
C. 提供学生实习场所　　D. 与学校进行信息与技术的交流
F. 共同构建实训基地　　G. 其他（请注明）

14. 贵公司愿意为中职电子商务学生提供的实习工资为（　　）。
A. 1 000 元以下　　B. 1 000 ～ 2 000 元
C. 2 000 ～ 3 000 元　　D. 3 000 元以上

15. 贵公司愿意为中职电子商务转正人员提供的工资为（　　）。
A. 2 000 ～ 2 500 元　　B. 2 500 ～ 3 000 元
C. 3 000 ～ 4 000 元　　D. 4 000 元以上

16. 中职电子商务毕业生在贵公司职位晋升的年限一般为（　　）。
A. 1 年左右　　B. 3 年左右
C. 5 年左右　　D. 不确定
E. 根据能力情况随时晋升

17. 面对电子商务的飞速发展，贵公司是否有转型升级的计划？

18. 您认为电子商务行业未来发展的方向是什么？

19. 您认为从事电子商务行业人员的核心竞争力是什么？

20. 您对中等职业学校电子商务专业教育的宝贵意见哪些有？

参考文献

[1] 彭铁光，桂诚 . 电子商务专业人才培养模式改革与管理研究 [M]. 北京：民主与建设出版社，2016.

[2] 刘生亮 . 双元融合　师徒携接　产学一体——电子商务专业人才培养实施方案 [M]. 北京：科学出版社，2017.

[3] 范生万，孟祥影 . 基于“互联网 +”的高职电子商务创新型人才培养模式研究 [M]. 合肥：中国科学技术大学出版社，2017.

[4] 杨保军 . 电子商务专业实践教学指导书（汉英）[M]. 银川：宁夏人民教育出版社，2015.

[5] 袁江军，吴涛，纪琳 . 高职电子商务专业教学及核心课程标准 [M]. 杭州：浙江工商大学出版社，2014.

[6] 孙奇鸣 . 电子商务与快递业协同发展研究 [J]. 合作经济与科技，2021(10): 57–59.

[7] 石珍，祝锡永 . 电子商务直播现状及营销发展研究 [J]. 经营与管理，2021(5): 48–52.

[8] 刘威 . 乡村振兴背景下农村电子商务发展存在问题及对策分析 [J]. 今日财富，2021(8): 59–60.

[9] 冯海洋 . 农村电子商务发展模式及推进路径研究 [J]. 农业经济，2021(4): 137–138.

[10] 贾林可，熊文渝 . 现代电子商务的发展研究 [J]. 技术与市场，2021, 28(4): 190–191, 193.

[11] 刘秋芬 . 电子商务与我国对外贸易发展研究 [J]. 科技经济导刊，2021, 29(11): 55–56.

[12] 郭威 . 中小企业电子商务发展策略 [J]. 今日财富，2021(7): 51–52.

[13] 申帅 . 新时期电子商务发展面临的问题及优化策略探究 [J]. 今日财富，2021(7): 53–54.

[14] 曲维玺，王惠敏 . 中国跨境电子商务发展态势及创新发展策略研究 [J]. 国际贸易，2021(3): 4–10.

[15] 杜鑫 . 跨境电子商务物流模式创新与发展趋势研究 [J]. 中小企业管理与科技（中旬刊）, 2021(3): 57–58.

[16] 孔庆予 . 中高职电商专业人才贯通培养模式探究 [J]. 人才资源开发 , 2021(9): 72–73.

[17] 王媛媛 . 专业群视角的校企协同育人路径——以电子商务人才为例 [J]. 大众标准化 , 2020(23): 184–185, 188.

[18] 张灿军 . 探讨电子商务专业产教融合的模式 [J]. 才智 , 2020(34): 89–90.

[19] 曲鸿雁 . 浅谈中职电子商务专业产教融合 [J]. 才智 , 2020(33): 131–132.

[20] 金艳 . 新型职业农民电子商务人才培育路径研究 [J]. 农村经济与科技 , 2020, 31(19): 307–309.

[21] 李忠美 . 现代学徒制在电子商务专业人才培养中的实践与探索 [J]. 中国新通信 , 2020, 22(20): 182–183.

[22] 王乐乐 . 产学研协同视阈下高职电子商务人才培养的创新研究 [J]. 中国商论 , 2020(19): 193–194.

[23] 瞿畅 . 高职院校跨境电子商务人才培养探讨 [J]. 电子商务 , 2020(9): 73–74.

[24] 张仕军 . 电子商务人才培养述评 [J]. 办公自动化 , 2020, 25(17): 11–13, 35.

[25] 郑达静 . 校企“双元”育人机制下的电子商务专业人才培养模式的研究 [J]. 营销界 , 2020(34): 69–70.

[26] 陈小凤 . 基于 SWOT 分析法的技工院校电子商务应用型人才培养探究 [J]. 安徽电子信息职业技术学院学报 , 2020, 19(4): 86–89.

[27] 沈捷 . 现代学徒制在高职电子商务专业人才培养中的应用途径 [J]. 延边教育学院学报 , 2020, 34(4): 13–15, 19.

[28] 连爱明 . 校企合作的电子商务课程教学模式 [J]. 现代企业 , 2021(2): 124–125.

[29] 王瑞 . 新时代背景下“多方协同共育共享商学一体”电子商务人才培养模式与路径——以西安航空职业技术学院电子商务专业为例分析 [J]. 电子商务 , 2020(8): 75–76.

[30] 谭汉元 . 中职院校电子商务专业人才培养中的问题与对策探究 [J]. 教育教学论坛 , 2020(32): 360–362.

[31] 付萍 . “双高”背景下校企“双元”育人机制的探索——以跨类别电商专业群为例 [J]. 四川职业技术学院学报 , 2021, 31(1): 17–22.

[32] 姚子龙．校企合作下中职电子商务专业“双元三阶三型”人才培养模式探索 [J]. 职业教育（中旬刊），2020, 19(7): 8–11.

[33] 翟莉．1+X 证书制度模式下中职电子商务人才培养探究 [J]. 营销界，2020(29): 60–61.

[34] 黄燕，黄黎．校企深度合作共育农村创新创业电商人才的路径研究——以江西旅游商贸职业学院电子商务专业建设为例 [J]. 商讯，2021(9): 1–2.

[35] 魏鼎．基于产业升级背景下的高职电子商务专业人才岗位核心能力培养探究——以四川信息职业技术学院为例 [J]. 产业科技创新，2020, 2(20): 118–119.

[36] 邱春红．产教融合背景下现代学徒制人才培养模式的构建——以高职电子商务专业为例 [J]. 邯郸职业技术学院学报，2020, 33(2): 54–57.

[37] 易丹．乡村振兴战略下高职农村电商本土人才培养路径研究 [J]. 产业科技创新，2020, 2(18): 117–118.

[38] 滕谦谦，沈振国．从城镇到乡村：产业薄弱地区电子商务专业人才培养模式改革与实践 [J]. 武汉职业技术学院学报，2020, 19(3): 42–45.

[39] 庄琼娥．电子商务人才培养策略 [J]. 西部素质教育，2020, 6(11): 178–179.

[40] 王毅，陈迎雪，顾自新．精准扶贫背景下乡村振兴战略中电子商务人才培养对策研究 [J]. 产业与科技论坛，2020, 19(11): 287–288.

[41] 卢立红．高质量发展背景下电子商务专业学生技能培养体系的构建 [J]. 现代职业教育，2021(19): 224–225.

[42] 孟静．电子商务专业多元化协同育人机制研究 [J]. 中外企业文化，2021(4): 181–182.

[43] 宋芬．“1+X”证书制度背景下高职电子商务专业人才培养模式优化研究——以浙江农业商贸职业学院为例 [J]. 商展经济，2021(8): 95–97.

[44] 张婕予，杨维新．职业教育课程在跨境电子商务教学中的创新应用 [J]. 电子商务，2020(5): 83–84.

[45] 高伟籍．高职院校跨境电子商务专业群构建的探析——以芜湖职业技术学院为例 [J]. 传播力研究，2020, 4(14): 158–159.

[46] 赵莎莎．现代学徒制“双主体”的电子商务专业人才培养模式研究 [J]. 现代营销（信息版），2020(5): 188–189.

[47] 郎艳．产教融合模式的跨境电子商务人才培养对策研究 [J]. 商场现代化，2020(10): 31–32.

[48] 李远峰，李蕾．河南省中职学校电子商务校企合作模式探究 [J]. 商讯，2020(14): 20, 22.

[49] 汪永华．基于“互联网＋工作室”的现代学徒制高职四年制人才培养探究——以四年制高职电子商务专业为例 [J]. 工业和信息化教育，2021(4): 14–18, 46.

[50] 薛凯，宋倩．职业教育助力乡村电商人才培养的途径与方法研究 [J]. 农家参谋，2020(9): 33, 35.

[51] 黄菲菲．电子商务专业建设和改革的路径研究 [J]. 知识文库，2021(3): 147–148.

[52] 王冠武．浅析中职面向岗位的电子商务专业人才培养模式 [J]. 现代职业教育，2021(5): 62–63.

[53] 陈周晨，罗巧凤．“1+X”证书制度下高职电子商务人才培养探索 [J]. 广西教育，2021(3): 38–40.

[54] 连爱明．基于人才培养的电子商务现代学徒制教学研究 [J]. 现代经济信息，2020(8): 142–143.

[55] 陶宇星．中高职衔接课程体系建设的探索与实践——以电子商务专业为例 [J]. 安徽冶金科技职业学院学报，2020, 30(2): 78–80.

[56] 庄琼娥．浅析电子商务人才培养策略 [J]. 中国培训，2020(3): 17–18.

[57] 李君．高职电子商务专业现代学徒制教学运行方式的重构研究 [J]. 广西质量监督导报，2020(2): 19–20.

[58] 张玲．高职院校电子商务人才培养与社会需求对接的研究 [J]. 当代教育实践与教学研究，2020(4): 164–166.

[59] 郑丹．基于“产教融合、平台支撑”的电子商务人才培养探索 [J]. 电子商务，2020(2): 87–88.

[60] 章昆，何建华．高职院校跨境电子商务人才培养探究 [J]. 智库时代，2020(4): 217–219.

[61] 王丽菊．基于产教融合电子商务专业“双创型”人才培养模式实践研究 [J]. 电子商务，2020(1): 74–75.

[62] 喻红艳．代根多夫大学经济学专业教育对高职电子商务人才培养的启示 [J]. 电子商务，2020(1): 82–83.

[63] 周嵘．产教融合背景下高职电子商务人才培养模式探讨 [J]. 数码世界，2020(3): 249–250.

[64] 武晓燕 . 电子商务创业型人才培养的实践和探索——以仪征技师学院电子信息系“一班一企”为例 [J]. 现代营销（信息版）, 2020(1): 206.

[65] 张陕豫 , 张建标 , 宋珊 , 蔚振江 . 现代学徒制育人模式在高职电子商务专业人才培养策略中的实践 [J]. 智库时代 , 2020(2): 188–189.

[66] 孙浩 . 现代学徒制下“多层次、分段式”人才培养模式研究——以电子商务专业为例 [J]. 连云港职业技术学院学报 , 2019, 32(4): 51–54.

[67] 李爽 , 刘姣 . 职业院校电子商务人才培养模式的改革 [J]. 科技经济导刊 , 2019, 27(36): 162.

[68] 危浪 , 文求实 , 喻红艳 , 等 . 电子商务技能型人才需求与高职教育培养匹配研究 [J]. 科技和产业 , 2019, 19(12): 136–140.

[69] 吴泉艺 . 现代学徒制培养模式下的电子商务专业考核评价制度的研究 [J]. 现代职业教育 , 2019(35): 32–33.

[70] 袁照稳 , 陈慧 , 刘琦 . 高职院校高技能型跨境电商人才培养途径的反思 [J]. 现代职业教育 , 2019(34): 24–25.

[71] 居少婷 . 现代学徒制下高职跨境电子商务专业人才培养模式探析 [J]. 中外企业家 , 2019(34): 109–110.

[72] 孙令 . “双精准”视角下中职电子商务实战型课程体系构建的探索与实践 [J]. 现代职业教育 , 2019(33): 275–277.

[73] 蔡汉敏 . 产教融合模式在电子商务人才培养中的实施 [J]. 现代职业教育 , 2019(17): 294–295.

[74] 刘丹娜 , 孟迪云 . 基于“项目引领”的高职跨境电子商务跨界人才培养模式的探索与实践——以湖南科技职业学院为例 [J]. 营销界 , 2019(46): 242–243.

[75] 薛雯霞 . 基于 OBE 的跨境电子商务学徒制特质人才培养方案构建与实施 [J]. 商场现代化 , 2019(21): 38–40.

[76] 杭俊 . 跨境电子商务的人才需求与培养现状探析 [J]. 电子商务 , 2019(11): 67–69.

[77] 任桂焕 . 移动商务专业实战型人才培养模式探索 [J]. 现代商贸工业 , 2019, 40(22): 66–67.

[78] 赵梅芳 , 路阳 . 高职电子商务专业产教融合人才培养模式的思考 [J]. 产业与科技论坛 , 2019, 18(21): 224–225.

[79] 尹万芳 . 基于产教融合的三种跨境电商人才培养模式探析 [J]. 现代职业教育 , 2019(30): 50–51.

[80] 李苑 . 电子商务专业网站内容编辑课程项目式教学方法研究 [J]. 昆明冶金高等专科学校学报 , 2018, 34(6): 22–25.
[81] 蒋蔚 . 基于大数据的电子商务专业课程实习改革探索 [J]. 科技经济市场 , 2018(12): 146–148.
[82] 蒋博 . 以电子商务专业为例探讨移动学习环境下高职课堂教学模式 [J]. 时代金融 , 2018(36): 305, 310.
[83] 刘永生 . 行动导向教学法在中职电子商务教学中的应用 [J]. 时代金融 , 2018(36): 323, 325.
[84] 刘杰 , 颜振辉 . 基于课赛融通、项目实操为核心的电子商务《视觉营销》课程教学探索 [J]. 长沙民政职业技术学院学报 , 2018, 25(4): 93–95.
[85] 邢玉光 . 跨境电子商务人才的培养现状及建议 [J]. 中国商论 , 2019(18): 251–252.
[86] 王颖 . 基于现代学徒制跨境电商人才培养的可行性研究 [J]. 财富时代 , 2019(9): 58–59.
[87] 阙彩球 . 试论产教融合模式的高职跨境电子商务人才培养 [J]. 营销界 , 2019(38): 208–209.
[88] 林琪 . 中职电子商务与物流课程教学改革探讨 [J]. 现代职业教育 , 2018(36): 231.
[89] 赵凯 . 跨境电商背景下商务英语教学改革与实践探索 [J]. 课程教育研究 , 2018(52): 81.
[90] 王瑾 , 何波 . 民办高职院校电子商务专业课堂教学与实践探讨 [J]. 广东职业技术教育与研究 , 2018(6): 28–31.
[91] 刘梅 . 校企合作创业项目导向的电子商务专业实战型教学模式改革 [J]. 轻纺工业与技术 , 2018, 47(12): 84–86.
[92] 杨琳 , 徐颖丽 , 项春雷 . 基于“产、教、学、赛、创”五位一体的高职课堂教学实践 [J]. 工业技术与职业教育 , 2018, 16(4): 45–46, 80.
[93] 柴方艳 . 电子商务专业“课赛融通”教学改革的探索与实践——以黑龙江农业经济职业学院为例 [J]. 宁波职业技术学院学报 , 2018, 22(6): 30–33.
[94] 范娜 . 职业院校产教融合模式下跨境电子商务人才培养的反思 [J]. 金融经济 , 2019(14): 137–139.
[95] 涂芳 . 浅谈高职商务英语专业跨境电商人才培养 [J]. 现代营销（信息版）, 2019(8): 226.

[96] 黄芳，崔红．以技能竞赛促进高职电子商务人才培养质量的提升 [J]. 环渤海经济瞭望，2019(7): 112.

[97] 杨常唯．校企合作电子商务场景实验室教学应用与研究 [J]. 黑龙江工业学院学报（综合版），2018, 18(12): 25–28.

[98] 姚丹．产教融合视角下跨境电子商务人才培养问题及对策 [J]. 商场现代化，2019(17): 42–43.

[99] 尹波，孙杰，周春辉．浅谈现代学徒制在高职电子商务专业实践教学中的应用 [J]. 产业与科技论坛，2019, 18(18): 198–199.

[100] 沈静．浅谈高职院校电子商务专业人才培养 [J]. 现代营销（经营版），2019(10): 26–27.

[101] 王廿重．校企协同电子商务人才培养模式研究 [J]. 江西电力职业技术学院学报，2019, 32(8): 78–79.

[102] 郑丹．产教融合模式下高职跨境电子商务人才培养研究 [J]. 现代职业教育，2019(22): 262–263.

[103] 朱立伟．电子商务专业现代学徒制人才培养对策探讨 [J]. 现代经济信息，2019(15): 435.

[104] 覃秋实．分析当前中职电子商务教学中存在的问题及对策 [J]. 信息系统工程，2018(12): 171, 173.

[105] 郭明璐．情景教学在电子商务教学中的运用分析 [J]. 延边教育学院学报，2018, 32(6): 130–131.

[106] 陈炜．现代教育技术在中职电子商务教学中的应用 [J]. 中华少年，2018(36): 239.

[107] 蔡颖，童海君．基于微项目植入式教学的移动电子商务人才培养实践 [J]. 文科爱好者（教育教学），2018(12): 71–72.

[108] 叶春琼．分析网络环境下的电子商务教学模式 [J]. 数码世界，2018(12): 166–167.

[109] 廖敏慧，秦法萍，严中华，等．电子商务现代学徒制人才培养模式构建与实施 [J]. 河南牧业经济学院学报，2017, 30(6): 63–66.

[110] 陈志雄．电商人才供求错位环境下的电子商务教改研究 [J]. 科教导刊（中旬刊），2017(35): 43–44.

[111] 王鑫鑫，郑晓聪．电子商务专业人才岗位与能力需求现状调查分析 [J]. 商场现代化，2017(24): 31–33.

[112] 郭莉莉 . 高职电子商务专业创新创业人才培养研究 [J]. 时代农机 , 2017, 44(12): 241.

[113] 袁菊霞 . 基于企业调研的中职电子商务人才培养研究 [J]. 智库时代 , 2017(17): 288, 290.

[114] 王慧 . 以岗位需求为导向的高职电子商务课程体系改革 [J]. 教育观察 , 2017, 6(24): 64–65.

[115] 王宁宁 . 高职院校电子商务专业“双主体”现代学徒制人才培养模式探索 [J]. 北京财贸职业学院学报 , 2017, 33(6): 43–46.

[116] 韦英琴 . 电子商务专业人才培养定位行业企业调研分析 [J]. 广西教育 , 2019(39): 16–17.

[117] 吴炳全 . 论基于校企协同的创新创业型电子商务专业人才培养体系的构建 [J]. 吉林省教育学院学报 , 2019, 35(10): 98–101.

[118] 杨锦凤 , 熊哲欣 . 基于现代学徒制的电子商务人才培养新模式的困境与实践 [J]. 大众投资指南 , 2019(19): 51.

[119] 林泽圳 . 基于职业教育特色的移动电子商务嵌入式课程建设 [J]. 商讯 , 2019(20): 173.

[120] 马静 . 基于创新创业能力培养的应用型本科电子商务专业教学改革研究 [J]. 经贸实践 , 2017(23): 359, 361.

[121] 康利芹 . 以区域市场需求为导向的电子商务专业人才培养——以中山职业技术学院为例 [J]. 河北职业教育 , 2017, 1(6): 38–41.

[122] 刘健挺 . 创新创业背景下应用型大学电子商务专业实践教学体系的构建 [J]. 山西青年 , 2018(24): 85–86.

[123] 叶卫军 . 电商专业“产教融合反哺教学”模式的实践与探究 [J]. 现代职业教育 , 2018(35): 52–53.